浙江省
钱塘江文化
研究会

ZHEJIANG QIANTANG RIVER
CULTURE RESEARCH
ASSOCIATION

宋韵文化丛书编委会

主任 胡 坚 章 燕

编委（以姓氏笔画为序）

安蓉泉 李 杰 陈荣高 范卫东 范根才 周 膺

周小瓯 徐 勤 黄利文 傅建祥

支持单位 中共杭州市上城区纪委、杭州市上城区监委

中共杭州市上城区委宣传部

宋韵文化丛书

宋廉流韵

王天一　王　宇\著

浙江工商大学出版社｜杭州

王天一

1987 年生，浙江乐清人，浙江省社会科学院政治学研究所助理研究员。2022 年毕业于中南财经政法大学法律史专业，获法学博士学位。主要研究方向为宋代法律制度与法律思想、宋代司法实践。

王宇

1978 年生，浙江乐清人，浙江省社会科学院文化研究所所长、研究员，第十三届浙江省政协委员。主要研究方向为宋明思想史与浙学研究，代表著作有《永嘉学派与温州区域文化》《道行天地：南宋浙东学派论》等。

总　序

胡　坚

　　宋代上承汉唐、下启明清，是中国古代文明最为辉煌的时期之一。宋代是中国历史上商品经济、文化教育、科技创新高度繁荣的时代。宋代崇尚思想自由，儒家学派百花齐放，出现程朱理学；科学技术发展取得划时代的成就，中国的四大发明产生世界性影响，多领域出现科技革新；政治开明，对官僚的管理比较严格，没有出现严重的宦官专权和军阀割据，对外开放影响广远；经济繁荣，商品经济异常活跃，农业、手工业、商业等都取得长足进步；重视民生，民乱次数在中国历史上相对较少，规模也较小，百姓生活水平有较大提升，雅文化兴盛；城市化率比较高，人口增长迅速。

　　经济、社会的高度发达带来了文化的繁荣兴盛。兴于北宋、盛于南宋，绵延三百多年的宋代文化，把中华文明推到前所未有的高度，为人类文明进步做出了不可磨灭的贡献。浙江的文化积淀极为深厚。作为中华文明史上的璀璨明珠，宋韵文化是浙江最厚重的历史遗存、最鲜明的人文标识之一。宋韵文化是两宋文化中具有文化创造价值和历史进步意义的哲学思想、人文精神、价值理念、道德规范的集大成。什么是宋韵文化？宋韵文化不能简单地等同于宋代文化，而是从宋代文化中传承下来的，经过历史扬弃的，具有当代价值和独特风韵的文化现象，包括思想理念、精神气节、文学艺术、雅致生活、民俗风情等。具体来说，宋韵文化见之于学术思想的思辨之韵、文学艺术的审美之韵、发现发明的智识之韵、生产技术的匠心之韵、社会治理的秩序之韵、日常生活的器物之韵，集中反映了两宋时期卓越非凡的历史智慧、鼎盛辉煌的创新创造、意韵丰盈的志趣指归和开放包容的社会风貌，跳跃律动着中华民族一脉相承的精神追求、精神特质、精神脉络，是中华优秀传统文化的重要组成部分和具有中国气派、浙江辨识度的典型文化标识。

当前，我们对中华传统文化，要坚持古为今用、推陈出新，继承和弘扬其中的优秀部分。要建立具有中国特色、中国风格、中国气派的文明研究学科体系、学术体系、话语体系，为人类文明新形态实践提供有力的理论支撑。要以礼敬自豪、科学理性的态度保护和传承宋韵文化，辩证取舍、固本拓新，使其具有重大而深远的历史意义和时代价值。为此，浙江提出实施"宋韵文化传世工程"，形成宋韵文化挖掘、保护、研究、提升、传承的工作体系，高水平推进宋韵文化创造性转化、创新性发展，让千年宋韵在新时代"流动"起来、"传承"下去，形成展示独特韵味的"重要窗口"、文化浙江建设成果的鲜明标识。

根据"宋韵文化传世工程"部署，浙江将围绕思想、制度、经济、社会、百姓生活、文学艺术、建筑、宗教等八大形态，系统研究宋韵文化的精神内核、文化内涵、地域特色、形态特征、历史意义、时代价值、传承创新，构建体系完整、门类齐全、研究深入、阐释权威的宋韵文化研究体系，推进宋韵文化文献资料的整理与研究，打造宋韵文化研究展示平台。推进宋韵重大遗址考古发掘，加强宋韵遗址综合保护，提升重大遗址展示利用水平，构建宋韵文化遗址全域保护格局，让宋韵文化可知、可触、可感，为宋韵文化传承展示提供史实依据。以数字化手段赋能宋韵文化传承弘扬，全面构建宋韵文化数字化保护、管理、研究、展示、衍生体系，打造宋韵文化遗存立体化呈现系统，实现宋韵文化数字化再造，让千年宋韵在数字世界中"活"起来。加强宋韵文化数字化保护，打造数字宋韵活化展示场景，构筑宋韵数字服务衍生架构。坚持突出特色与融合发展相协调，围绕"深化、转化、活化、品牌化"的逻辑链条，深入挖掘宋韵文化元素，加强宋韵文化标识建设，打造系列宋韵文化标识，塑造以宋韵演艺、宋韵活动、宋韵文创等为支撑的"宋韵浙江"品牌，推动宋韵文化和品牌塑造的深度融合，提升宋韵文化辨识度，打造宋韵艺术精品、宋韵节庆品牌、宋韵文创品牌、宋韵文旅演艺品牌。深入挖掘、传承、弘扬宋韵文化基因，充分运用"文化＋"和"互联网＋"等创新形式，推进宋韵文化和旅游深度融合，进一步优化布局、完善结构、提升能级，把浙江建设成为国际知名的宋韵文化旅游目的地。优化宋韵文旅产业发展布局，建设高能级旅游景区集群，发展宋韵文旅惠民富民新模式。建设宋韵文化立体化传播渠道，构建宋韵文化系统化展示平台，完善宋韵文化国际化传播体系。统筹对内对外传播资源，深化全媒体融合传播，构建立体高效的传播网络，着力打造融通中外的新范畴、新表述，推动宋韵文化深入人心、走向世界，使浙江成为彰显宋韵文化、具有国内外影响力的展示窗口。

我们浙江省钱塘江文化研究会全体同人，积极响应浙江省委、省政府的号召，全身心投入宋韵文化的研究、转化和传播工作之中，撰写了许多论文和研究报告，广泛地深入浙江各地进行文化策划、参与发展宋韵文化事业和文化产业，推动宋韵文化提升城市品位，让宋韵文化全方位地融入百姓生活。

为了提升我们自己的思想水平和工作水平，同人们认真学习和研究宋韵文化，深入把握历史事件、精准挖掘历史故事、系统梳理思想脉络、着力研究相关课题，在此基础上，撰写了一系列通俗读物，以飨读者，为传播宋韵文化做出自己的贡献，于是就有了这套丛书。

这套丛书有以下几个特点：一是通俗性，以比较通俗的语言和明快的笔调撰写宋韵文化有关主题，切实增强丛书的可读性；二是准确性，以基本的宋韵史料为基础，力求比较准确地传达宋韵文化的内容；三是时代性，坚持古为今用，把宋韵文化与当下的现实应用紧密地结合起来，能够跳出宋韵看宋韵，让宋韵文化为当下的经济社会发展和百姓生活服务；四是实用性，丛书中有许多可以借鉴的思想理念和可供操作的方法途径，可以直接应用于文化事业和文化产业。

限于我们的研究深度与水平，丛书中或许存在一些谬误，敬请读者批评指正。

2022 年 8 月 15 日

（作者系浙江省钱塘江文化研究会会长、浙江省宋韵文化研究传承中心专家咨询委员会召集人）

前言

　　在中国古代，夏、商、周三个朝代（即"三代"）被认为是由"圣人"（不包括夏桀、商纣、周幽王三个末帝和其他个别昏庸君王）治理的"黄金时代"，是治国理政的理想典范。衡量一个王朝的廉政水平和政治清明程度，往往要看它是否接近"三代"，是否符合"三代"的做法。而宋末元初诗人方回（1227—1307）和作为蒙古汗国国信使出使南宋的儒者郝经（1223—1275），不约而同地把汉、唐、宋盛赞为"后三代"，认为其政治清明程度堪比"三代"。元代官修《宋史》认为宋代政治是比较清明的，在某些方面甚至超过汉、唐。《宋史·列传第一·后妃上》评价："宋三百余年，外无汉王氏之患，内无唐武、韦之祸，岂不卓然而可尚哉！"无独有偶，北宋哲学家邵雍（1011—1077）认为，宋代的治理有五件盛事，是尧舜以来绝无仅有的（"本朝五事，自唐虞而下所未有者"）。其中第三条是"未尝杀一无罪"，说明北宋的司法比较公平、公正；第四条是"百年方四叶"，即享国一百年只产生了四位皇帝，说明皇帝清心寡欲，健康长寿，由此保证了政策的延续性和稳定性；第五条是"百年无心腹患"，即百年内没有较大的农民起义、军阀混战等内部动乱，说明阶级矛盾比较缓和，政治比较清明，社会秩序比较安定。

南宋思想家叶适（1150—1223）同样肯定宋代尤其是北宋前期的政治清明程度超越前代："天下无女宠，无宦官，无外戚，无权臣，无奸臣，随其萌蘖，寻即除治。"宋代较少出现后妃、太监、外戚、权臣、奸臣等干涉政治的现象，往往苗头刚出现，就会由于监察体制的有效运作和皇帝的英明果断而被扼杀。中肯地说，宋代的确出现过非常严重的权臣专断现象，也出现过蔡京（1047—1126）、秦桧（1090—1155）、贾似道（1213—1275）这三个祸乱朝堂、独断专权的大奸臣，但整体上权臣、奸臣的数量并不多。至于后妃、外戚、宦官这几种人的干政现象，确实只有零星出现，在两宋三百多年统治期间从未形成气候。

北宋初年吏治较清明，与宋太祖赵匡胤（927—976）三管齐下、反腐倡廉，关系极大。第一，严惩贪官。宋太祖对贪污受贿一类罪行的惩罚十分严厉，宣称："苟有一毫侵民，朕必不赦。"当时因为贪污而被处以极刑者，仅见于记载的就达二十余人之多。第二，最高统治者以身示范，树立廉政榜样。宋朝统治者将后蜀后主孟昶（919—965）塑造为"反面教材"。《新五代史·后蜀世家》记载，后蜀后主孟昶"据险一方，君臣务为奢侈以自娱，至于溺器，皆以七宝装之"。宋太祖见此七宝溺器，"撤而碎之"，并气愤地说："所为如是，不亡何待！"第三，注意廉政教育，及时警示官员。宋太宗（939—997）亲笔书写十六字《戒石铭》："尔俸尔禄，民膏民脂。下民易虐，上天难欺。"宋真宗（968—1022）颁布《文臣七条》。第四，变"姑息之政"为"防弊之政"，从制度上开始建立并逐渐形成了一套权力制约体系，约束各种权力。北宋前三朝廉政情况是比较良好的。宋太祖如此描述当时的情形："三农不害，百姓小康。夏麦既登，秋稼复稔。仓箱有流衍之望，田里无愁叹之声。"虽有夸张之嫌，但在一定程度上反映了实际情况。

不过到了北宋晚期，尤其是徽宗朝，腐败成了严重的社会问题。北宋晚期社会经济发展，在繁荣表象掩盖下的北宋社会俨然是座将倾的大厦。宋徽宗（1082—1135）非圣明之主，他原本轻浮、轻狂，成为最高统治者后，竟然"玩物而丧志，纵欲而败度"，绝无自我约束的意识。正如北宋晚期陈公辅（1077—1142）所说："国家承平既久，万事姑息，故爵赏太滥，典刑太轻。"宋徽宗对其宠信的大臣、宦官、佞幸一味放纵，将限权、分权之类的措施置于脑后，导致权力恶性膨胀。"理有固然，事有必至。"北宋权力制约体系走向崩溃，自有其内在的历史必然性。贪官贪污国库钱财，如"探囊取物"，卖官鬻爵到了明码标价、公开叫卖的地步。谣谚云："三千索，直秘阁；五百贯，擢通判。"以致民怨沸腾，"打破筒，泼了菜，便是人间好世界"。南宋建立之初，统治集团就相当腐败，特别是宋高宗（1107—1187）宠信秦桧期间，更是变本加厉。秦桧贪污腐败无所顾忌，"其家富于左藏数倍"（所谓"左藏"即国库），而且"喜赃吏，恶廉士"，导致贪官污吏被安排在各个重要岗位上，百姓哀叹愁苦。有不少民间谣言反映着南宋朝政之腐败，诸如"草头古，天下苦""阎马丁当，国势将亡""丁丁董董"之类。"草头古"

指贪官薛极（生卒年不详）、胡榘（生卒年不详）。"阎马丁"指阎贵妃（生卒年不详）及佞臣马天骥（生卒年不详）、丁大全（1191—1263）。"丁丁董董"指佞臣丁大全和宦官董宋臣（生卒年不详）。奸相贾似道的绰号是"蟋蟀宰相""湖上平章"。应当指出的是，即使是南宋时期，也不可一概斥之以"腐败"。不同时段，政情有别。如宋孝宗（1127—1194）在位期间，经过一番整顿，官场作风有所好转。真德秀（1178—1235）曾称赞："乾道、淳熙间，有位于朝者以馈及门为耻，受任于外者以包苴入都为羞。"孝宗朝士大大以行贿受贿为耻：在中央的高官以别人送礼上门为耻，地方官以送礼到中央为耻。这说明当时的廉政状况是比较良好的。

综上所述，在不同时期，宋代廉政制度在遏制腐败、防范外侮、改善民生上发挥的效用和功能是大相径庭的，其根本原因仍在于最高统治者——皇帝是否勤政英明，是否从国家社稷长治久安出发治国理政、用人行政。但也不能不承认，两宋政治相对清明，阶级矛盾比较缓和，始终没有出现全国规模的农民起义，这在一定程度上归功于宋代监察制度的有效运行和廉政文化氛围的熏陶。

目　录

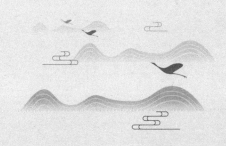

制度篇

一、崇尚规则，道理最大

北宋名臣富弼（1004—1083）指出："臣历观自古帝王理天下，未有不以法制为首务。法制立，然后万事有经，而治道可必。"这里所谓的"法制"不仅指司法制度，也指宋代在政治、军事、科举、赋役等诸多领域建立的比较完整的、成文的制度体系。宋太祖曾问宰相赵普（922—992）："天下何物最大？"赵普回答说："道理最大。"宋太祖屡次称赞赵普的这个观点。"道理"代表了道德和理性，也代表了根据道德和理性形成的一系列制度安排。宋人认为："天下之法，当与天下共之，有司守之以死。虽天子不得而私也，而后天下之大公立。"法令制度经由皇帝的批准而颁布施行，代表了统治阶级的整体利益，皇帝虽然是最高统治者，但也必须自觉地遵守法令制度，不能任性妄为。

这一点在宋代官员选拔制度的执行中体现得特别明显。主管官员选拔的吏部尚书、吏部侍郎完全没有自由裁量权，需要遵循各种琐细的律令格式："其人之贤否，其事之罪功，其地之远近，其资之先后，其禄之厚薄，其阙之多少，则曰'是一切有法矣'。"一次，宋孝宗以内批的形式要求赐予某人官职，宰相梁克家（1127—1187）认为这一任命违反了现行的选官制度，拒绝执行，孝宗不但没有责怪，反而称赞他："卿等如此执法，极好。"在宋代政治生态良好、皇帝相对清明的时期，君臣都能严格地崇尚规则、严守法度，使权力在制度的轨道中运行。叶适称之为："不以刑法御臣下而与臣下共守法。"在不威胁皇权统治的前提下，皇帝与大臣维持了制度面前的平等，这种平等之所以能够成立，根本原因是皇帝需要运用制度来约束大臣行使权力，从而巩固自己的皇权。故有学者认为宋代的皇权政治不是明、清两代的"君主独裁"，而是制度化的"君主独裁制"，即是此意。

虽然宋代的制度经历了不同时期的多次变革改良，外部环境和内部生态也先后发生巨大变化，但北宋建立之初形成的某些核心精神，在两宋三百多年的制度设计、制度运行中始终得到了全面、充分的贯彻和始终不渝的秉持。对于这些核心精神，宋人有不同的表述，或称之为"祖宗之法"，或被叶适称为"纪纲"："纪纲、法度，一事也，法度其细也，纪纲其大也。""纪纲"是塑造具体制度的原则。宋人尽管对"祖宗之法"留下了很多相互矛盾的表述，但都认为有两条原则构成了制度体系稳定的精神内核：一是"宽大仁厚"的执政导向，二是"匡过矫失"的"纪纲"。

所谓"宽大仁厚"，主要指宋统治者鉴于五代刑法苛酷的弊端，在施行刑法时偏于宽大，特别是优待士大夫、优待读书人。一般情况下不判处士大夫死刑，尤其不根据士大夫的言论判处其死刑。"祖宗之法"的第二个核心是"匡过矫失"的"纪纲"。顾名思义，"纪纲"强调纪律（规则）的权威性和约束性。有鉴于五代各割据政权更迭频仍，皇权衰微，北宋在建立之初就千方百计地防范重大风险的发生，这些重大风险主要指军阀割据、农民起义、宦官干政、宗室篡位等。为此，有必要通过复杂的制度设计实现权力运行的全过程监督，通过在中央和地方各个层级实行分权，避免某一个职位获得过大的权力。这一点，下文还要专门进行详细论述，在此不赘述。

在实践中，"宽大仁厚"与"匡过矫失"是有机结合在一起的。宋人这样阐述二者的关系："圣人之治天下，固以仁意为本，而其施之于政，则必有纪纲法制，截然而不可犯。然后吾之所谓仁意者，得以随事及人而无颓敝不举之处；人之蒙惠于我者，亦得以广博周遍而无间隔欺蔽之患。""仁义道德"必须通过制度运行才能转化为实惠和福利，只有通过稳定的制度运行（而不是个别人的良好意愿），才能持续地、全面地惠及百姓。

南宋思想家陈亮（1143—1194）比较了汉、唐和宋三个朝代，认为相比于汉、唐两代，宋代在崇尚规则、遵循制度方面是最突出的："汉，任人者也；唐，人法并行者也；本朝，任法者也。"这一论断虽然不乏对宋人被成文制度束缚而缺乏灵活性和应变能力的批判，但客观上反映了无论是与此前的汉、唐相比，还是与此后的明、清两代相比，宋人，尤其是宋代最高统治者，对规则和制度极为重视。这特别突出地表现在，至高无上的皇权在运行过程中不得不首先考虑遵循制度，臣下也可以根据制度规定驳回皇帝的不合理要求，使得皇权较明、清两代在一定程度上得到了抑制。也正是在崇尚规则、遵循制度的前提下，宋代士大夫才能够比较深度地参与政治，乃至提出"（皇帝）与士大夫共治天下"这样比较理想化的政治口号。相比之下，无论是读书人的社会地位，还是皇权的过度膨胀，无不反映出明、清两代在崇尚规则、遵循制度方面的退步。

二、宋代监察制度的一般特点

以"匡过矫失"为逻辑主线，宋代建立了空前周密细致的监察体制，通过权力分置，防止单个机构、单个岗位在权力运行中获得不受约束的特权，尽可能消除威胁政权的因素的萌芽，尽可能在执政出现失误的萌芽阶段及时察觉、及时纠正。

1.通过机构分置实现权力分散，防止权力过度集中

宋人认为权力使用具体落实为制度运行，要防范出现危及统治基础的重大风险，就必须对制度运行的各个环节、各个岗位开展全过程的监督，这一原则被概括为："事为之制，曲为之防。"

譬如，晚唐、五代藩镇割据，导致皇权空虚，是以宋人说："民之所以苦于赋繁役重者，方镇之专利也；民之所以苦于刑苛法峻者，方镇之专杀也；朝廷命令不得行于天下者，方镇之继袭也。"宋太祖因此"收许多藩镇之权"。这条集权措施同样是反腐倡廉、便国利民的举措。针对之前中央政令不达于地方，各路军阀对百姓剥削无度、用刑严酷的情况，宋太祖于建隆四年（963）七月颁行《宋刑统》，试图改变"任人而不任法"的状况，而且收回了节度使对辖区的司法权、军事权。为了防止宰相的权力过大，宋初就设置了枢密院，与宰相的政事堂并列，专门主管国防军事；又设置了相当于副宰相的参知政事，参与

《宋太祖坐像》 〔宋〕佚名 （台北"故宫博物院"藏）

朝廷机密要务，与宰相轮流主导中央行政职能，从而削弱了宰相的权力；还设置了主管财政经济事务的综合部门——三司，通管盐铁、度支、户部三部。在唐代，三司长官可由宰相兼任，宋代则完全独立建置三司，将其长官三司使的礼遇、俸禄提高到与参知政事（副宰相）相当的地位，俗称"计相"。三司虽然在宋神宗（1048—1085）元丰改制中被废除，但皇帝的私人金库（内藏库），以及后来新设立的总领所等机构，都独立于宰相的领导之外，而直接向皇帝负责，避免宰相完全掌握财政经济事务的决策权。除了枢密院、三司等直接向皇帝负责的机构外，还有御史台、审官院、审刑院、谏院等机构也直属于皇帝，他们各司其职，相互牵制，有力地防止了宰相擅权，减少了相权对皇权的威胁。

2. 高标准、严要求，精心选拔监察官

在古代，台谏等监察官位尊权重，"所言公，则国家受其益；所言私，则国家受其害"。古代中国各个王朝高度重视监察官的选任，对其德行、素质和能力都提出了高于一般官员的要求，均要求选用德才兼备者担任监察官。

首先是监察官的出身。监察官一般都是进士及第者，举人和没有参加过科举考试的人都不能作为监察官的候选人。钦宗靖康元年（1126），朝廷任命唐恕（生卒年不详）为监察御史，遭御史中丞陈过庭（1071—1130）反对，理由是唐恕不是进士出身而以荫补入仕，任为台谏，不合祖制，于是朝廷只得改除

郎官。南渡以后，人才紧缺，监察官选拔标准略为放宽，陆续任命了一些非进士出身者，但也须首先"特赐进士出身"方可供职。为了回避包庇嫌疑，现任宰执子弟、亲戚、故旧及曾经荐举之人不得充任台谏官。这样的出身限制，基本上保证了监察官"文学优长"，同时可以限制那些"裤襦之子，攀缘进取者"占据言路，从而保证了监察队伍的清正与精干。实践证明，这是一项非常好的制度。

其次，监察官都必须有相当长时间的地方实际工作经历。宋仁宗（1010—1063）以前，北宋规定监察官需从寄禄官太常博士（当时为从七品）以上、曾两次就任通判的官员中选拔，后来略有放宽，但始终坚持从有地方工作经验的官员中选用。孝宗乾道二年（1166），南宋朝廷也明确规定，没有担任过两任县令者，不得任命为监察御史。监察官号称耳目之司，又可以"风闻言事"，如果没有长期的地方工作经验，不曾在治国治民的最基层扎扎实实地干过，就不可能了解民间疾苦、熟悉官场情伪，其议论就会流于空泛，难于辨别真假，也就不能有效地监察百官，不能起到应有的作用。因此，坚持从有相当长的地方实际工作经历（两任县令至少六年）的官员中选用监察官，对于保证监察权正确而有效地行使是至关重要的。

最后，较高的个人道德要求。仁宗皇祐三年（1051），宋仁宗下令："御史必用忠厚淳直、通明治体之人，以革浇薄之弊。"具体来说，包括了三个方面：一是要有德，具体表现为清廉、刚正、勤政、稳重；二是要博学多才，精通业务，谙熟法令；三是要有较强的工作能力、丰富的工作经验和突出的工作业绩。

3."以卑临尊"，保障监察官公正履职

考虑到"官轻则爱惜身家之念轻，而权重则整饬吏治之威重"，皇帝虽然赋予了监察官很大的权力，但同时又不得不压低他们的官职品级。宋代的监察官普遍较为年轻且官阶较低，顾炎武指出："夫秩卑而命之尊，官小而权之重，此小大相制，内外相维之意也。""秩卑而赏厚，咸劝功乐进"，御史作为皇权的代表，手握"尚方宝剑"，官职不高，权力却很大，即秩卑权重、以小制大。譬如，根据南宋的制度，中央监察系统的御史台长官御史大夫从二品，与六部尚书平级，但长期空缺，从不实际除授，实际主持御史台工作的长官是从三品的御史中丞，与六部侍郎平级。这就意味着，御史台的一把手比六部尚书（从二品）要低两级。以下的侍御史从六品、殿中侍御史正七品、监察御史从七品，品级偏低。但是，台谏职权广泛、威仪显赫，如石介所说："御史府视中书、枢密虽若卑，中书、枢密亦不敢与御史府抗威争礼，而反畏悚而尊事之。"地方监察系统中的监司，最低从九品的京官即可充任（但需要有担任知县、通判等的资历要求），监司的最高品级不高于正五品。但是监司所要监察的对象——知州，经常会由品级较高的重臣担任，有的是达到一品的前任宰相，有的则是曾任尚书或侍郎的二品、三品高官，这都要求监司"以卑临尊"，敢于公正履行监察职权。

4. 保障监察机构相对独立地行使监察权

自秦以来，历代统治者为有效管理国家，保证监察工作的
有效性，对监察机关采取自中央至地方的垂直领导，具有相对
独立性。宋代的监察体制强化了这种相对独立性。在中央层面，
宋代强化了以御史台和谏院为主体的监察机构，前者监察百官
的不法行为，也参与司法审核，主导大案要案审判，参与重大
决策的讨论，还作为皇帝特派的使者外出履行监察职责。谏院
主要以劝谏皇帝为主，但在实践中，工作重心也转移到了监察
百官上。在地方行政体系中，宋代在州、县两级政区之上还设
置了路，统辖若干个州，又在路一级设置了安抚使司（管理军
事事务）、转运使司（管理财政事务）、提点刑狱公事（管理
司法事务）、提举常平司（管理常平仓或茶、盐专卖）等行政
机构，除安抚使司外，都有行政监察职责，且各自履行单一职
能，相互之间并无统属关系，各自独立向朝廷负责，通过巡历、
考课等形式对州、县展开制度性监察。为防范知州权力过大，
在州一级设置通判，通判虽然在地位上是知州的副手，但专门
管理财政事务，知州不得过问。到了宋代，监察权第一次取得
了与相权、兵权平等的独立地位。除皇帝之外，其他任何权力
均不得以任何方式插手、干预台谏监察，侵夺台谏职权。

5. 监察范围至广，限制较少

与监察独立相适应，宋代监察的范围扩展到"无所不纠"

的程度，几乎没有任何限制与禁区。从唐代开始，朝廷允许御史"风闻言事"，宋代台谏不仅机构设置完备，而且得到了较大的言事空间，太祖、太宗、真宗三朝，"风闻言事"风气较盛，御史、谏官可以在全部事实情节调查清楚之前，根据某些线索和迹象公开检举、发起监察；如果最后调查结果表明御史、谏官所言不实，他们也不会受到惩罚。宋代还明确除了在内殿召见时大臣与皇帝个人的对话必须保密（"禁中语不得泄露"）而不纳入监察范围外，其他大事小情，都可以根据传闻发起监察行为，"不问其言所从来，又不责言之必实"。即便御史弹劾的内容经过朝廷调查后不属实，监察官本人也不需要承担责任。对于谏官，规定其主要职责就是："凡朝政阙失，大臣至百官任非其人，三省至百司事有违失，皆得谏正。"这一做法鼓励了监察官大胆监督，增加了监察的震慑力，有效地把权力置于监察官的监督之下。为了尽可能减少决策失误，宋代继承了唐代中书省草拟诏书、门下省审议、尚书省执行的三省制度，并在此基础上增加了封还录黄（封还词头）的监督环节，即负责起草诏书的中书舍人（或翰林学士）接到命令后，认为诏书内容不合理、不合法，可以拒绝起草诏书，这一监督环节在唐代三省制度中是没有的。同时，台谏行事皆独立负责，言事、纠弹，都可以不需要向本衙门长官请示或报告。相反，御史台、谏院长官有不法行为，下属各御史、谏官也可以纠弹。仁宗嘉祐五年（1060），知谏院唐介（1010—1069）、右正言王陶（1020—1080）、侍御史知杂事范师道（1005？—1063？）等纠弹御史中丞韩绛（1012—1088）"欲以危法中伤大臣"，穿过朝堂时又没有手持牙笏，鲁莽无礼，结果韩绛被免去御史中丞一职，也就是说，御史台的一把手被自己的手下弹劾丢官。总体而言，宋代不会轻易加罪负有监察责任的言官，因上奏言事忤逆君心而被判处死刑的情形更是罕见。

6. 监察官优叙轻责，不以言事加罪

监察官以言为职，区区小官，上则纠皇帝之过，"言其所恶闻之过失"，下则察大臣之罪，"发其所隐之奸恶"。御史彭汝砺（1041？—1095？）曾说："凡人莫难于争臣。"因此，必须有效地保障监察官的言事权力，即不以言事加罪；必须优叙轻责，以令其敢言。有鉴于此，宋自太祖以来便确立了"不杀言官"的祖宗家法。史载："艺祖有约，藏于太庙，誓不诛大臣、言官，违者不祥。"至少到神宗朝，宋代没有惩罚过一个台谏，即便政治腐败的徽宗朝，也没有诛杀监察官。绍兴初年，宋高宗曾受宰相蛊惑，判处两个谏官死刑；事后宋高宗马上后悔，向天下下达罪己诏。以后二十年间，虽有秦桧把持朝政，但也没有一个台谏被处死。从两宋的实际情况看，虽然出现过士大夫被处死的零星个案，但两宋统治者确实做到了"未尝轻杀一臣下"，宋太宗更是自称："朕于士大夫无所负矣。"明末清初的王夫之（1619—1692）在《宋论》中也不得不承认："终宋之世，文臣无欧刀之辟。"

三、公款宴请制度

为了保证各级政府机构的正常运转，宋代统治者把供应公费膳食作为激励官员勤政的手段。同时，又多方控制他们的各种宴会支出，为此制定了较为详尽的条法，将官员挥霍公款吃喝和吃喝妨碍公务等纳入行政处罚的制裁范围，作为督促官员廉洁的手段。这就是宋代官员公费用餐制度的主要特点。

宋代政府允许各级官员举行合理合法的宴会宴请，称之为"公筵"。在中央行政体系中，在朝会结束后，由朝廷招待官员用午餐，称为朝会酒食。正、副宰相在办公之日，在政事堂享用工作午餐，这称为堂食。南宋《庆元条法事类》对路级长官的公费用餐做了比较细致的规定：

第一，界定了享用公费膳食的范围。各发运司、监司遇到圣节（皇帝生日）可以设宴庆祝，迎接皇帝大赦、蠲免赋税、赐予物品的恩命，可以举行宴会。各监司及其官属（帅司等处的官属及其所差干办公事官同）巡视辖区内各州、县时，就餐供应由接待的州、县承担，可以举行宴会，如果各监司及其官属谢绝参加，地方官应该把菜肴和酒送到其住处。宋代州、县官也拥有享用公费膳食的待遇。每月上中下三旬，可以各举行一次宴会，称为"旬设"，此外还有款待过往官员、犒劳军校、本地官员聚宴等数种名目。州、县官公费饮食经费主要来源于公使钱。为了资助那些无公使钱的地区举办庆贺圣节的公费宴会，朝廷还会拨付茶宴钱。总体而言，宋代官方允许的公费宴会，首要属性是礼仪性质的，其次是为了方便工作交流。对于娱乐休闲色彩过于浓厚、妨碍公务、妨害司法公正的公费宴会，朝廷会立法禁止，并惩罚违法官员。

第二，朝廷要求官员平时宴饮不致妨碍公务。真宗大中祥符二年（1009），诏书规定"中外群臣非休暇，无得群饮废职"。仁宗初年，诏书规定"诸道守任臣僚，无得非时聚会饮燕，以妨公务"，在法令允许的主题范围、时间范围之外举行宴会，即"非时聚会"。南宋《庆元条法事类·迎送宴会》"职制敕"规定：在任官员"游从宴会妨公务者，杖一百"。此敕估计是北宋以来的旧制，说明官员如因游宴过度而荒废公务，将受刑罚。孝宗乾道二年（1166），知静江府的张孝祥（1132—1170）由于被殿中侍御史王伯庠（1106—1173）弹劾"专事游宴"，被罢职。孝宗乾道五年（1169），新知峡州的郭大任（生卒年不详）因在知袁州任期内"日事饮宴，殊不事事"，被撤职。孝宗淳熙二年（1175），知衢州的曹总（生卒年不详）因"耽饮嗜闲，不修郡政"而被"放罢"。次年，新知嘉州的陆游（1125—1210）因在前摄嘉州时"燕饮颓放"，被撤销了知嘉州的任命。孝宗淳熙十年（1183），知辰州的胡介（生卒年不详）因在知光州时"惟务酣燕"，被"言者"揭发，受责被撤职，为祠禄官。

第三，为保证司法公正，限制各级司法官员参加公费或私费的宴会。真宗景德四年（1007）四月，复置各路提点刑狱官，同时规定州郡不得为迎送提刑官而举办各种聚会。此外，朝廷还规定转运使、副使巡历地方时，除了公筵可以参加外，其他名目的宴会不得出席。神宗元丰前，州郡虽有公使库，而"皆畏清议，守廉俭，非公会不敢过享"。但"元丰以来，厨传渐丰，馈饷滋盛，而于监司特厚。故王子渊在河北，州郡供送，非时数出，谓之爆巡"。直到元祐元年（1086），监察御史韩川（生卒年不详）上疏，才揭露了此事。

第四，为避免宴饮妨碍某些部门官员公正履职，禁止他们在出差时参加筵席。神宗熙宁九年（1076）九月，宋神宗下诏："今后将作、都水、军器监，如遇差出勾当公事官出外，并不得赴筵宴。"将作监负责公共工程建设，都水监负责各地大型水利工程，军器监职责是发包兵器制造项目、统筹兵器制造，这三个部门虽然隶属中央行政序列，但到地方出差机会多，与各路、州业务来往密切，因此神宗要求，无论"筵宴"是公费还是私费，上述三个部门官员出差时一律不得参加，以防地方官与他们私相授受。

第五，不得奢侈浪费，伤风败俗。两宋风俗是在宴会中雇用歌伎歌唱、奏乐以助兴，但是在公费宴请中，雇用歌伎是受到严格限制的。《庆元条法事类·迎送宴会》规定，虽然中央行政体系的部门官员在出差时，可以参加地方的宴请，但宴请中不得出现歌伎表演。因为这既伤风败俗，又浪费了公款。此外，每年二月十五日各州、县守令"出郊劝农"时，所举行宴会不得雇用歌伎。州学教授负责境内的道德教育，要做出表率，参加有歌伎助兴的宴会者，杖八十二；各州的主管常平官不得参加下属县镇寨官的伎乐及家伎宴会。

四、礼物馈送制度

在中国古代，馈赠又称馈遗、馈送、赠遗等，所赠礼品称为"苞苴"。在官场中，除符合规定的正常馈赠外，若带有贿赂性质的，则称"赂遗"。有关官员礼品馈赠的规定，汉、唐时就已出现，到宋代进一步趋于完善。

北宋建国伊始，统治者便注意制定管理官员礼品馈赠的有关条法。太祖建隆四年（963），鉴于后周遗存下来的《大周刑统》条目浩繁，且有法意不明之处，宋太祖命判大理寺的窦仪（914—966）会同权大理少卿的苏晓（904？—976？）主持修订。经过修订的这部法典称《重详定刑统》，又称《宋刑统》。在《宋刑统》中，就有针对官员礼品馈赠的四条规定。此后，一直到南宋亡国，历任统治者根据新情况不断地进行增补、修改，逐渐形成了一整套较为系统和规范的管理制度。

判断官员之间的馈送是否合法，根本依据是例册。宋代的例册就是制度汇编，种类繁多，有断案的例册、行政处理公务事例的例册，也有公使库的供给例册。供给数额都编入公使库例册固定下来，作为一种制度执行，不准随意增添。如神宗熙宁八年（1075），宋神宗命池州司法参军孙谔（生卒年不详）编定的《省府寺监公使例册条贯》即是。

很多宋代地方政府设置了专门的地方金库，名为"公使库"，公使库的设置原是为了给来往的官员提供酒食和相应的资助，或者说是提供出差补贴。供给是公使库给予的钱物，属官员的合法收入，后来逐步改为按月支付，支付的具体金额即由例册规定；馈送一般是指例册规定以外的礼金和礼物，属非法收入。凡按月从本州公使库领取供给的官员，称"有公使钱人"，这一类人在出差时经过其他州、县，不得接受当地的礼物馈赠。仁宗时，陕西都转运使彭思永（1000—1070）奏申："有公使钱人"出差到州、县时，接待的州、县只能在例册规定的范围和标准内供应酒食，不得赠送黄金、布帛、土特产；花费公使钱赠送礼品的责任人要受到查处；"有公使钱人"若接受了非法馈赠，则以赃罪论处。《庆元条法事类》规定：如果巧立名目将公使库财物送给"有公使钱人"，判处徒刑二年；"有公使钱人"若明知自己不应该接受却接受了，且所接受的是食物以外的贵重物品，则判处赃罪。

在古代，全国各地的土特产运送到京师献给皇帝享用，被称为"贡"，朝廷对其数量、品种、时间都有着明确而具体的规定。而在实际操作中，地方官往往在规定数量之外额外多运送一些土特产，馈赠在京各衙门的官员，特别是天子身边的近臣，被称为"贡余"。譬如温州、鼎州、广州每年进贡皇帝的柑橘数量不过千枚，但这些地方的官员为了讨好在京官员，往往额外多带，加之柑橘容易腐烂，最终送往京师的柑橘数量会多出贡品数量好几倍，成为老百姓的沉重负担。仁宗天圣六年（1028）四月，仁宗下诏温州、鼎州、广州这三个地方在每年进贡柑橘的时候，不得以"贡余"为名，赠送给近臣，犯者有罚。仁宗景祐三年（1036），国子博士王正平（生卒年不详）上疏提出：各地在州官离任时，强令老百姓用"金银花"（花卉形状的金银工艺品）馈送官员，给百姓造成沉重负担，朝廷应下令禁止此种献花行为；如果一定要向官员表达感激、难舍之情，只许送"草花"（真正的花）。这一建议得到朝廷批准。

按照宋代惯例，各路监司出巡，可以接受途经诸州按例册规定供应的酒食，各州赠送监司的礼品应严格按照例册所定，不准例外增加和另创"则例"。宋钦宗（1100—1156）时，欧阳澈（1091或1097—1127）上书指出：监司每每出巡，实际是向州、县勒索礼品，因此请求皇帝在监司受命赴任之日，"召而面遣，叮咛告戒"；有的州、县官吏不敢在辖区内赠送贵重礼品，居然带着金银离开自己的辖区，提前与监司见面并赠送，以此规避法令，这些都需要朝廷立法禁止。南宋时期，朝廷不断重申禁止各路监司馈送的规定，要求严格遵守各项条法。宁宗嘉定八年（1215），有官员上疏重新要求今后诸路应差官吏，应该选择"清廉介洁之人"，除批券之外，其余馈送不许接受。不仅要严管监司、知州本人的礼物收受行为，对他们的随员、亲属的收礼行为也要严惩。南宋的《庆元条法事类》规定：本路监司如以香药馈送中央部门出差官员，判处徒刑二年，所送香药还要折价赔偿，以自盗论；监司、知州的子弟及随行亲属、门客，如在辖区内收取馈送，罚杖八十；监司属官私自拜访州县官员，如索要或接受馈送者，判处徒刑二年。

地方官向监司赠送香药的行为始于徽宗朝。宋代的香药实际上是具有医药功能的香料，而其原料是不远万里从东南亚进口而来的，耗费大量人力、物力，因此市场价值很高；此外，香药轻便易于携带，隐蔽性很强，最适合贿赂。徽宗崇宁五年

（1106），朝廷颁敕规定，如果被发现用香药馈送监司和朝廷派出的使者，馈送者处以徒刑两年，案值按照盗窃相应数量香药计算。徽宗政和元年（1111），有诏书指出，虽崇宁五年颁敕禁止各地以香药馈送本路监司和朝省所派官吏，但一些"不顾廉耻之吏"采取对策，巧作名目，虽然不敢送香药，但却将香药折成等价的金钱，再购买其他合法名义的礼品（一般是食物），为此，朝廷进一步规定，这种行为视同直接赠送香药，也参照崇宁五年敕条处罚。

　　有些监司和知州对其他过路的官员大加馈送，受赠官员到任后又从本州公使库中拨款回赠，赠送物品价值越高，受到的回馈自然也水涨船高，双方形成了"互送"关系，实际上是变相地贪污公款。仁宗嘉祐三年（1058），包拯（999—1062）上疏建议禁止各州、军以酒食及匹帛之类钱物馈送。高宗绍兴三十一年（1161），军器监主簿杨民望（生卒年不详）揭发，路级监司用公使库的经费购买礼品相互赠送，"过于供给"。光宗绍熙二年（1191），"又诏监司、郡守互送，以赃论"；宁宗嘉定六年（1213），再次"申严互送之禁"。朝廷数次下令重申不许监司与监司、监司与知州、知州与知州相互之间公款赠送礼品，一旦查实，都处以赃罪。

五、《营造法式》和工程领域防范腐败的努力

　　欧阳修（1007—1072）曾经向皇帝上疏指出，当时用于安放先朝帝王御容、牌位而岁时祭祀的场所存在经常修缮和更换建筑构件的问题。"开先殿初因两条柱损，今所用材植物料共一万七千五百有零，睦亲宅神御殿所用物料又八十四万七千，又有醴泉、福胜等处物料，不可悉数。"欧阳修对这类问题的关注，说明官式建造活动中的虚报损耗、中饱私囊损害到了国家财政。实际上，类似的现象在北宋比较普遍。宋仁宗时三司就提出过"禁中营造多虚名役及大费材料"，仁宗曾下诏要求"实计工料"，以避免官员"广计工料，既而指羡盈以邀赏"。神宗熙宁二年（1069）十月，修建感慈塔，八作司最初估工三十四万余，而后来经另一个官员重新估算，仅十六万余工就能建造完成，不足原先的一半。另一位宋代著名史学家司马光（1019—1086）在给宋英宗（1032—1067）的《论修造札子》中也提到，治平年间（1064—1067）宫室皇城存在频繁修缮建造的现象，并且官员还相互夸耀，攀比建筑物的壮丽程度。官员这样做，一方面是为了揣摩、迎合圣意，献媚于皇帝，另一方面也可以借此谋取私利。到了北宋中晚期，各地大肆建造宫殿、衙署、庙宇、园囿等，极尽奢华，负责工程的大小官吏趁机贪污，整个建筑业腐败丛生，致使国库无法应付浩大的开支。

　　为了杜绝这类营造活动中贪污浪费、营私舞弊的现象，熙宁二年（1069），宋神宗下令当时负责宫室建筑的部门——将

作监，编制出一部关于建筑工程方面的规范。经过二十余年的努力，将作监于哲宗元祐六年（1091）将规范编制完成，称为《元祐法式》，但该规范因缺乏用材方面的规定，工料标准又估算得太宽，不能防止工程中的各种弊端，因此并没有实施开来。到了哲宗绍圣四年（1097），朝廷又诏令将作监的李诫（？—1110）重新编修规范，李诫此次编著完成了《营造法式》一书。

《营造法式》被誉为"中国古代建筑的宝典"。从建筑史研究的角度看，此书作为指导官员和工匠建造的工程技术手册，是研究中国古代建筑思想、建筑工艺的集大成者，代表了北宋建筑技术的最新成果，其中很多宝贵财富至今还未被完全认识。而从廉政角度看，《营造法式》的本质是宋代政府为官方建造所制定的工程预算定额和规范标准。

《营造法式》全书共三十四卷，其中图样六卷，几乎囊括了当时建筑工程及与建筑相关的各个方面，把当时和前代工匠的建筑经验加以系统化、理论化，提出了一整套木构架建筑的模数制设计方法，并提供了珍贵的建筑图样。全书体例严谨、内容丰富，是中国古代建筑科学技术的一部百科全书。其主要内容如下：

"看详"主要说明以前的各种数据、做法及来由，如屋顶曲线的做法等。

卷一、二是"总释"和"总例"。"总释"对书中所出现的各种建筑物及构件名称、条例、术语做了规范诠释，并指出所用词语在不同时期的演变，统一了术语。"总例"是全书通用的定例，包括测定方向、水平、垂直的法则，求方、圆及各种正多边形的实用数据，广、厚、长等常用词的含义，计算工料的原则，等等。

卷三详述了壕寨制度、石作制度。

卷四、五详述了大木作制度，规定了"材"的用法。大木作的比例和尺寸，均以"材"为基本模数。

卷六至十一详述了小木作制度。

卷十二详述了雕作制度、旋作制度、锯作制度、竹作制度。

卷十三详述了瓦作制度、泥作制度。

卷十四详述了彩画作制度。

卷十五详述了砖作、窑作制度。

以上十五卷共涉及十三个"作"（工种）的制度，并说明了如何按照建筑物的等级来选用材料，确定了各种构件之间的比例、位置、相互关系，详述了建筑物各个部分的设计规范、各种构件的比例标准数据、施工方法和工序、用料规格和配合成分，以及砖、瓦、琉璃的烧制方法等。

卷十六至二十五规定了各工种在各种制度下的构件劳动定额和计算方法，还规定了各工种所需辅助工的数量，以及舟、车、人力等运输在装卸、架放、牵拽时所需工额。最值得注意的是，这部分记录了当时测定各种材料的容重。

卷二十六至二十八规定了各工种用料定额及应该达到的质量。

卷二十九至三十四详述了当时的测量工具，以及石作、大木作、小木作、雕木作和彩画作的平面图、剖面图、构件详图，还有各种雕饰与彩画图案。

　　从本书各卷内容摘要不难看出，卷十六到卷二十八的各项规定，都是为防范建筑工程中虚报冒估、偷工减料等侵吞国家财富的行为提供对策，试图用一套行之有效的工料估算方法来控制工程预算。对此，李诫在札子中说得很明白：之前编制的建筑工程方面的规范就是因为控制不了工料而被废止不用的，而他的这部《营造法式》则是"关防功料，最为要切，内外皆合通行"。他深信此书一定切实可行，完全可以在京师内外推广应用。

　　书中以大量篇幅叙述工限和料例。例如对劳动定额，首先按四季日的长短分中工（春、秋两季）、长工（夏季）和短工（冬季）。工值以中工为准，长短工各增减百分之十，军工和雇工亦有不同定额。其次，对每一工种的构件，按照等级、大小和质量要求，包括运输远近距离，甚至考虑到水路运输时水流的顺流或逆流、加工的木材的软硬等造成的影响，规定了工值的计算方法。

　　由于实际工程变化无穷，不可能罗列所有规格的工料定额，所以该书仍然采用样板的办法。例如大木作斗栱一项，只举第六等材为例，定出用工数，其他等级的材就可参照第六等材的定额增减计算，求得所需定额，书中不再一一列出；再如小木作的佛道帐只列出高二十九尺、宽五十九尺一寸、深十二尺五寸的一种为例，牙脚帐只列出高十五尺、宽三十尺、深八尺的一种为例，作为比照估算工料的样板。除了样板之外，《营造法式》还采取了"比类增减"的方法，即根据"功限"和"料例"提供的样板，对照工程中实际使用的部件式样和尺寸，比较其繁简、大小、难易而增减其工料数，得出最后的计算结果。

对于"比类增减",卷二的"总例"中有两条规定:

一是用工。"诸造作并依功限,即长广各有增减法者,各随所用细计;如不载增减者,各以本等合得功限内计分数增减。"其意为:凡"功限"条文中规定了具体增减办法的(如柱础以二尺五寸见方素覆盆的用工数为准,三尺、三点五尺、四尺、五尺、六尺见方的依次增加单方用工数,雕花工另加),则按规定计算实际用工数;假如没有明文规定的,则按书中所列样板合计得出用工数后再酌情增减即可。

二是用料。"诸营缮计料,并式内指定一等,随法算计;若非泛抛降,或制度有异,应与式不同,及该载不尽名色等第者,并比类增减。"这就是说:各工程计算用料时可在书中选用一种等级,按规定计算,假若式样尺寸和书中所列不同,或书中并没有做出规定,就采用估算的办法,比照近似的规格酌情增减计算。

有了这两条规定,《营造法式》既有统一标准,又能在不同情况下变通使用,其控制工料的涵盖面可及于所有工程项目。虽然,"比类增减"在具体执行中仍会出现漏洞,不免为贪官污吏留下作弊的机会,但和没有《营造法式》时那种猖狂虚报冒估相比,已经起到了有效规制的作用。当时的各级政府如能认真贯彻执行《营造法式》,必定能达到节约财政开支的目的。《营造法式》一书制定的数据如此细密,虽然在实际经济生活中不可能长期不变,但充分反映出该书为有效杜绝当时建筑工程中的贪污现象所做之努力。

六、"增俸养廉"和"重禄重罚"制度

将俸禄与腐败挂钩是历史上早已形成的一种习惯性思维。明末清初思想家顾炎武在《日知录》卷十二《俸禄》一文中开宗明义地写道："今日贪取之风，所以胶固于人心而不可去者，以俸给之薄而无以赡其家也。"顾炎武旁征博引，依照其列举的史实，从汉宣帝开始，历代统治者就注意到，官吏"俸禄薄，欲其毋侵渔百姓难矣"。其实，将贪腐的原因一概归结为俸薄，其不妥显而易见。俸禄的厚薄与腐败的程度既不呈正比，也不呈反比。

在宋代，给官员增加俸禄成为反腐倡廉的手段，其逻辑与"高薪养廉"密切相关。北宋开国之初，宋太祖就说："俸禄薄而责人以廉，甚无谓也。""无谓"就是毫无意义、徒劳无功的意思。北宋仁宗朝名臣范仲淹（989—1052）讲得更明确："养贤之方，必先厚禄。厚禄然后可以责廉隅，安职业也。"只有先给予优厚的俸禄，才能要求官员培养较高的道德操守（"责廉隅"）。宋朝统治者试图从俸禄入手解决贪腐问题，采取过若干"增俸养廉"的措施，目的在于避免官吏因俸禄微薄而走上贪污受贿之路。

一种是"省官益俸"。冗官与贪赃是宋代常见的两大腐败痼疾。宋人说："官多则事烦，吏多则民残。欲事不烦，莫若省官；欲民皆安，莫若省吏。"此说的合理性显而易见，与其供养大量俸禄微薄、效率低下的庞大官员群体，还不如精兵简政，以高薪维持精干高效的官员队伍。因此精简机构与提高俸禄要双管齐下。宋太祖清醒地认识到晚唐五代以来官吏薪俸较低，于是于开宝年间（968—976）颁布省官诏，宣称："与其冗员而重费，不若省官而益俸。"按照他的设想，此举一箭双雕，可同时解决冗官与贪赃两大腐败痼疾，既不增加财政支出，又可改善官吏生活，让官吏在经济上无贪腐之必要。宋太祖"省官益俸"的决策在统治集团内部得到较为广泛的认同："官多俸薄，莫若俸厚而官少。衣食既足，廉耻自兴。"明末清初思想家王夫之对此给予高度评价："省官以清吏治，增俸以责官廉，开宝之制，可谓善矣！""省官益俸"即使在今天也不无借鉴意义，其可取之处在于将省官与增俸相结合，避免行政成本过高，不致加重财政负担。"益俸"在宋代并非空头支票，当时确实时有增俸之举。仅《宋会要辑稿》记载，地区性增俸就多达二十次，局部性增俸也有十一次之多。全局性的增俸主要有三次，即"祥符增俸""元丰增俸""崇宁增俸"。

　　为了抑制宋代胥吏的贪污腐败行为，宋代还实施了"重禄重罚"的措施。宋代胥吏与官员分工不同，他们世代居住一地，以担任衙门里的胥吏为职业，官员则必须异地出仕，对本地情况的熟悉程度远远不如胥吏；因此官员既依赖胥吏处理日常政务，又经常被胥吏欺瞒、捉弄，甚至陷害。更严重的问题是，自五代以来，胥吏基本无俸禄。沈括《梦溪笔谈》记述道："天下吏人素无常禄，唯以受赇为生，往往致富者。"胥吏"无常禄"，"致富"靠的是"受赇"。所谓"受赇"，就是"贪污受赂"。王安石（1021—1086）为解决这一突出的腐败问题，着眼于为胥吏制定正常的俸禄，"尽禄天下之吏"。熙宁三年（1070），宋神宗采纳王安石的建议，恩威并用，推行重禄法。当年京城及各地都拨出一大笔专款，用于支付胥吏俸禄，此后每年有所增加。与此同时，朝廷对胥吏的贪腐行为也采取了高压严罚的措施，宣布胥吏受人财物请托、营私舞弊者，按照"仓法"论罪。所谓"仓法"的全称是"诸仓丐取法"，原本是专门防范管理仓库的官员监守自盗的法律，因此量刑标准极重：盗窃仓库物品价值不满一百文，判处徒刑一年；每增加一百文，加一等（即徒刑半年）治罪。赃款达到一贯，判处流刑二千里；每增加一贯，加一等（即流放五百里）治罪。赃款达到十贯，为首者刺配沙门岛。这样的量刑不可谓不重。朝廷还鼓励检举，其奖励办法是：检举判处徒刑的赃吏，赏钱一百贯；检举判处流刑的赃吏，赏钱两百贯；检举刺配沙门岛的赃吏，赏钱三百贯。奖励亦可谓重矣。重禄法将俸禄同奖惩挂钩，重禄与重罚并行，确有可取之处。宋神宗、王安石等人深信：重禄可养廉，重罚能治贪。他们的设想是："吏禄既厚则人知自重，不敢冒法，可以省刑。"

那么，"增俸养廉"和"重禄重罚"的实施效果如何呢？"省官益俸"在统治集团内支持率较高，也确实鼓励了一部分有操守的士大夫坚持廉洁立场，达到了"衣食既足，廉耻自兴"的目的。但是，由于官员总数失控，两宋的官员数量屡减屡增，总体数量一直在膨胀，宋朝统治者始终为冗官问题所困扰，财政不堪负荷。加上市场物价失控，俸禄虽然有所增加，但都被通货膨胀抵消，尤其是南宋晚期，物价飞涨，官民怨声载道："人家如破寺，十室九空。"

此外，虽然"重禄重罚"的出发点十分美好，但它在实际操作过程中却存在一系列问题。胥吏没有接受过儒家道德教化，法治观念淡漠，即便拥有经常性的俸禄，其贪婪的欲望仍然不可抑制，导致"良吏实寡，赇取如故"，不少胥吏因接受贿赂被判处死刑。更重要的是，北宋后期财政收支情况紊乱，各地财力有限，未能做到"尽禄天下之吏"，于是出现了"重禄公人"与"无禄公人"之分。没有领到俸禄的无禄公人抱怨朝廷口惠而实不至，竟然将贪污受贿作为合法收入来源，认为自己既然没有取得重禄，贪污受贿自然就不受重罚。而重禄公人所得俸禄并不太"重"，实际收入不如从前"受赇"所得，他们自然贪得无厌，不惜以身试法。由于种种不便之处，重禄法实际施行时间并不长。

综上所述，不难看出，"高薪"与"养廉"不能画上等号，薪俸是个再分配问题，俸禄本身并不具备反腐功能。一方面，要承认低薪、无薪会加大反腐倡廉的难度；官员、胥吏的俸禄水平应当同经济发展水平、财政收入状况、物价波动幅度相适应，需要建立一个较为合理的薪俸体系并适时加以调整。另一方面，主观思想上的"不想腐""不敢腐"才是反腐倡廉的关键。宋代历史证明，蔡京、秦桧、韩侂胄（1152—1207）、贾似道之流俸禄最高，也最腐败。将增加俸禄作为根绝腐败的灵丹妙药，只是不切实际的幻想。

七、维护科举取士公平、公正、公开的制度构建

宋代科举考试，从最高统治者的要求上说，是要网罗天下人才，以"为致治之具"。事实上，在宋代，科举制度为国家网罗贤士，成就人才，其成绩远超前代。宋代科举登科人数特别庞大。以进士为例，正科进士有四万人以上，加上特奏名进士，总数达六万人以上。栋梁之材、名公巨卿多从此出，群星灿烂，这是公认的事实。

选拔人才的成效如此突出，是因为作为我国科举制度的重要转型时期，两宋三百多年间对科举制度进行了多次改革。总体方向是：将科举考试的公平、公正、公开提高到无以复加的程度；从死记硬背默写经典转为考查考生的思维水平、写作水平和逻辑水平；经典依据也从汉唐儒学经典转型为以程朱理学为代表、四书为标志的新儒学经典。两宋最终确定的科举制度框架，被元、明、清三个政权继承，影响达八百年之久。从廉政角度看，宋代对唐代科举制度进行了一系列重大改革，客观上保证了科举取士的公平、公正、公开。

1. 取消重臣"公荐"举人，以试卷为唯一衡量标准

唐代科举考试中，省试的主考官人选确定后，京师的高官重臣可以在其入贡院之前，推荐一批一批声名显赫、才能卓著

的人才，增加这些人才被录取的概率。但是弊端也随之而生，为了登第，举人在考前注重与达官贵人交游，指望获得"公荐"，登第后也容易与推荐人形成朋党关系。这一制度一直到北宋乾德元年（963）第一次开科取士时还在执行。宋太祖察觉到这一制度会对皇权的集中性造成损害，果断于当年九月下诏废除"公荐"之法。唐代新科进士登第之后，会拜考官为"座主"，自称"门生"，宋太祖对此也加以禁止，下诏称，"国家悬科取士，为官择人"，擢第于"公朝"，及第举人"不得辄拜知举官"，不得呼主考官为"恩门""师门"，亦不得自称"门生"。太祖开宝六年（973）始行殿试，把科举选官的最高决断权集中于皇帝手中，登第者即为"天子门生"，极见尊荣，如此更有利于集取士大权于最高统治者。这一系列举措都是为巩固中央集权服务的，但客观上也提高了科举考试的公正性。

2. 改革考官遴选制度

首先是增加省试、殿试的考官，分割考官权限。唐代科举取士，省试初由吏部考功员外郎主持，后改由礼部侍郎主管，考官专职固定，权归有司，权力很大。这既易于请托，更对皇帝直接控制选官大权有碍。宋朝为革除此弊，改为临时从三省六部寺监官员中抽取考官人选，不再固定于某一部门的官员，每科的考官人选自然完全不同，而且主考官多为兼职。为分割事权，省试时，朝廷委派权知贡举一两名，又委派权同知贡举二至三名或若干人，使之相互监督、制约。这样一来，考官权力受限，很难专断。

殿试是天子亲自考查考生的最终环节，考生只有通过殿试方能成为进士。作为科举考试的最后一道闸口，北宋政权对其进行了大刀阔斧的改革。太祖、太宗两朝，殿试考官的人数在二至三人左右。到了真宗一朝，由于考生人数增加及"糊名""誊录"等制度的推行，考官多达二三十人，真宗景德二年（1005），殿试考官破纪录地达到了四十一名。考官数量的增加，方便考官相互监督，避免了营私舞弊的滋生。

3. 设置复杂的阅卷环节

考官阅卷的场所叫作"贡院"，从太宗淳化三年（992）开始，知贡举收到任命后，马上进入贡院，将自己隔离起来，院外任何人不得与之接触，这被称为"锁院"。自此，"锁院"成为一代之制。

为了防止考官辨认出考卷对应的考生身份，宋代科举还对试卷采取了"糊名""誊录"的措施。"糊名"又称"封弥"，在唐制科中便实行过。宋代的"糊名"，始用于淳化三年（992）三月殿试"糊名考校"。真宗大中祥符元年（1008），始行于省试。仁宗天圣元年（1023）以后，逐渐行于各类解试，仁宗明道二年（1033）七月，诏"诸州自今考试举人，并封弥卷首"，"封弥"至此成为正式规定。这样，殿试、省试、解试三级均行"糊名"，即：考生纳卷后，封弥院负责密封试卷卷头，把考生姓名、籍贯粘住；或截去卷头，按千字文编号；考官拟定的等第也要糊住。

"誊录"，是设专人誊录试卷，以杜绝考官辨认文卷字迹或事先约定的密记。由誊录院负责誊写出试卷副本，并对读校勘，使无脱误。考官根据副本批分定等，再送复考官及知举官复审以定名次。"誊录"始用于真宗景德二年（1005）殿试，真宗大中祥符八年（1015）行于省试，其后又在各类解试中实施。

经过这种技术处理后，考卷才送到考官手中评阅。为了防止评阅考卷的人为好恶因素埋没有真才实学者的考卷，宋代采取"双重三读阅卷法"。考卷先由初考官按五等评定等次，这个等次被糊住后，考卷再送复考官，复考官看不到初考官的打分，独立确定等次。考卷最后被交到编排官手中。编排官比较初考、复考两个考官的等次，相同则作为最终成绩；如果存在差异，由编排官再进行考校，若评定的等次仍旧与前不同，就采取折中之法，按照等次最接近的原则，或遵从初考官，或遵从复考官，但不得采用编排官自己评定的等次。这样一份考卷必须经过三个考官的评阅，最终的等次是比较客观公正的，最大程度避免了个人情面因素和营私舞弊现象。

殿试的命题，由皇帝亲自撰拟，或文臣起草，经皇帝认可后，直接密封送给知贡举。宋真宗热衷亲自撰题，但又担心自己的题目与已经考过的省试、解试重复，为此出题前会调取三京（东京开封府、西京河南府、南京应天府）以及天下州郡的解试题目，一一阅视。这充分反映了最高统治者对拔擢人才、保证公正的极端重视。

合理安排省试考生座位，也被看作杜绝作弊的关键。宋太祖一朝，考生可自由入座，导致相互认识、相同科目的考生就相邻而坐，从而为抄袭提供了便利。太宗雍熙二年（985），朝廷改变了考生的排座办法，用字号表明考生的科目和位次，相同科目的考生事先被安排隔开，座位之间的间隔加大，使得考生难以窥视邻座。到了真宗大中祥符元年（1008），殿试全体考生的座位与姓名会以大字标于一张考场座位图上，这张图露天张挂在考场外，考生进入考场前先看清楚图上自己的座位号次，然后对号入座。考场内每张桌子上贴一张白纸，写清楚考生姓名、籍贯，考生不得污损、移动这张纸，以备考官随时抽查。

4.防止科举被势家大族垄断

宋代科举面向全体士人，不论东西南北之人均可参加，尽聚诸路贡士，唯才是择。对于士人，"家不尚谱牒，身不重乡贯"，不讲究门第等级。即使"工商、杂类"及其子弟，只要有"奇才异行"，也可应试授官，甚至僧、道有时也可应试。科考如磁吸铁，对读书人有极大的吸引力，对社会产生深刻影响。而在考试面前如何维持其公正性，维护考试制度的尊严，从一开始便是朝野上下特别关注的大问题。宋政府发明和采用了旨在维护考试公正性的一系列措施，除上述各项举措外，宋政府还格外注意革除"科名多为势家所取"的弊病。

太祖开宝元年（968）三月，太祖下令凡应举的势家子弟须经中书门下省复试。其后实行殿试，又注意对势家子弟有所限制。太宗雍熙二年（985）三月，宋太宗在殿试时，为避免势家"与孤寒竞进"，竟将宰相李昉（925—996）之子李宗谔（965—

1013）、参知政事吕蒙正（944或946—1011）之从弟吕蒙亨（生卒年不详）、盐铁使王明（生卒年不详）之子王扶（生卒年不详）、度支使许仲宣（930—990）之子许待问（生卒年不详）等"举进士试皆入等"者黜落。宋太宗说："此并势家，与孤寒竞进，纵以艺升，人亦谓朕有私也！"意思是，这些人都是朝廷重臣的子弟，怎么可以与平民百姓的孩子一起竞争？即使靠自己的才学登第，舆论也会认为皇帝偏私不公。为此宋代在解试设置了"别头试"（考官及地方长官的子弟、亲戚乃至门客应试时必须回避，由朝廷另派考官别设场屋进行考试）和"锁厅试"（专为现任官员无功名而应进士举者所设立的一种考试）。这里，"别头试"以避亲为主，当然兼有照顾性质，"锁厅试"则兼有防范官员倚仗权势滥取科名之意。解试这轮考试，对任何一个参加科考的考生都具有决定性的意义，如果解试过不了关，再优秀的人才也上不去，事关重大。因此，苏辙说："今世之取人，诵文书，习程课，未有不可为吏者也。其求之不难而得之甚乐，是以群起而趋之。凡今农工商贾之家，未有不舍其旧而为士者也。"这条改革，对广泛吸收一般地主、殷实农民以及"工商、杂类有奇才异行者"入仕，扩大选官范围，巩固统治基础，颇有成效。到了南宋，科举登第者的社会出身还是平民占多数。《登科录》记载，理宗宝祐四年（1256）登科进士六百零一名中，平民出身者四百一十七人，占百分之六十九点三八。这些说明，宋代科举取士向读书人广泛开放，不重门第，为各阶层士人开辟了较前代宽广得多的出仕机会和可望荣显的前景。这对社会的发展具有很大的推动力。

　　这些措施的实施，大大提高了宋代科举考试的公平、公正、公开程度，在很大程度上排除了门第背景的干扰，"一切以程文为去留"，宋人可以相信考试基本上是公正的，科举制之所以能付之实行，并有成效，主要是靠它的公正性。

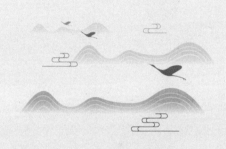

教育篇

一、诫饬教育

诫饬，是指宋代最高统治者通过圣旨的形式，向官僚群体发布警示、勉励、告诫和申饬等内容，特别是发布需要全体官吏共同遵守的行为规范，借以宣传教育，预防官员违法乱纪。

宋代皇帝发布的众多诫饬中，真宗大中祥符二年（1009）十一月发布的"文臣七条""武臣七条"最为著名。限于篇幅，这里只介绍"文臣七条"。全文由序言、正文两个部分组成。

"文臣七条"的序言指出："列辟任人，治民为要；群臣授命，奉法居先。"宋真宗认为汉制刺史以"六条"标准监察郡守和县令，简明扼要，容易遵守，他以此为范本总结出七条最重要的行政治理的原则，写在卷轴上，赐予天下转运使、知州、知军、通判、知县等地方官。正文如下：

> 一曰清心。谓平心待物，不为喜怒爱憎之所迁，则庶事自正。

第一条原则是"清心"，要求地方官员执行公务时应始终保持头脑清醒，心平气和，不能因个人的好恶、一时的情绪冲动而影响自己对政务做出正确决策、对是非做出准确判断。

二曰奉公。谓公直洁己，则民自畏服。

第二条原则是"奉公"，要求地方官员坚持洁身自好，严于律己，秉公执法，大公无私。如果官员被百姓发现居官行政都出于个人的私欲，那么其命令就不可能得到推行，官员本人也不会获得百姓的钦佩和敬畏。

三曰修德。谓以德化人，不必专尚威猛。

第三条原则是"修德"，强调儒家教化的重要性。地方官员手握生杀司法大权，指挥一班军士衙役，代表国家这一暴力机器行使权力，这就令很多官员在遇到矛盾和问题时，不假思索地采用暴力手段和强制方式解决问题，不但留下很多后遗症，而且可能造成冤假错案。这条要求地方官员以德服人，通过长年累月的正面教育和积极引导，改变当地的社会风气。

四曰责实。谓专求实效，勿竞虚誉。

第四条原则是"责实"，这一条要求地方官员树立以民为本、注重实效的政绩观，不要为了赢得上司的青睐，或者为了满足虚荣心，搞表面光鲜实则病民、急功近利而缺乏远见的政绩工程。

五曰明察。谓勤察民情，勿使赋役不均，刑罚不中。

　　第五条原则是"明察"，这一条要求地方官员提高行政管理水平，善于体察民情，不能闭目塞听。特别是要根据土地占有情况的变化，及时调整赋税；根据农民家庭财产情况的变化，及时调整差役的负担；处理司法案件时，要推敲案情，严格遵守法令，做到公正执法。

　　六曰劝课。谓劝谕下民勤于孝弟之行，农桑之务。

　　第六条原则是"劝课"，包含了"劝人向善"和"劝课农桑"两层含义。地方官职司教化，应劝导百姓孝顺父母、友爱兄弟。而农业生产，尤其粮食生产是中国传统的经济命脉、民生大事，地方官守土有责，督促农民勤劳耕种，按时组织生产，是其首要职责。

　　七曰革弊。谓求民疾苦，而厘革之。

　　第七条原则是"革弊"，要求地方官员经常性地考察、调研百姓的生活生产情况，听取他们的诉求和心声，及时革除各种不合理规定和没有正当根据的苛捐杂税，更好地为百姓谋福利。

　　"文臣七条"内容全面，简明扼要，易于传送，发布后，举国上下反响良好。宋真宗及此后历任北宋皇帝在召见即将赴任地方官的官员时，都会赐予其"文臣七条"。同时，为了让军民百姓更准确地了解"文臣七条"的内容，真宗大中祥符八年（1015），朝廷命令天下诸州将其刻成石碑。现在山西省运城市新绛县绛州大堂墙壁上还镶嵌着"文臣七条"石碑，高约一点二米，宽约零点七米，系徽宗建中靖国元年（1101）绛州知州时恪（生卒年不详）重刻立碑。仁宗庆历四年（1044）十二月、哲宗元祐四年（1089）九月，朝廷重新向诸路诸州颁行"文臣七条"。

二、家风家训教育

中国传统政治思想、伦理思想特别强调修身、齐家与治国、平天下的密切联系，以"整齐门内，提撕子孙"为目的的家训，历来受到人们的重视，并成为中华民族传统文化宝库中最具特色的文化之一。从先秦到明清，中国古代流传下来的家训可谓汗牛充栋。

两宋时期，家训大行于世，其中大多出于名公巨卿、宿学硕儒之手，如北宋的范质（911—964）、范仲淹、苏洵（1009—1066）、司马光，南宋的陆游、朱熹（1130—1200）、吕祖谦（1137—1181）、真德秀，都有家训传世。现存宋人家训著作有三十余种，在内容、体裁上有新的发展，对后来的家训影响极大。宋代家训的主体内容是有关家庭生活规范、道德伦理，以及家族内部管理的，与廉政直接相关的内容较少。但是，中国古代向来主张修身、齐家、治国是一个有机整体，家庭或家族生活场景本身就是士子将来出仕任官之前的道德养成场所，因此家风正、家规严、家训精，可以保证士大夫家族维持良好的科举出仕传统，即使偶尔有一两代人未能出仕，他们也可以衣食无忧、邻里和睦、家族团结。譬如，在范仲淹及其子孙所制定的《范氏义庄规矩》中，与廉政相关的内容很少，但是南宋学者胡寅（1098—1156）认为："本朝文正范公置义庄于姑苏，最为缙绅所矜式。自家而国，则文正公'先天下之忧而忧，后天下之乐而乐'可知已。"范仲淹及其子孙的家训、家规反映出范氏家族正色立朝、忧国忧民的气质和风骨。以下择要介绍一些两宋时期最具代表性、廉政内容较为集中的家训。

1. 司马光《家范》

北宋司马光一生最重要的成就，是编纂了鸿篇巨制《资治通鉴》，世人称赞该书足以"鉴前世之兴衰，考当今之得失"，是治国必读书。此外，他编纂的《家范》也成为后世历代推崇的家训范本，对中国文化的影响不下于《资治通鉴》。《家范》全书共十九篇，采集古今圣贤修身、齐家之法，分门别类编辑而成。该书首论"治家"，得出"治家莫如礼"的基本观点。全书依照祖、父、母、子、女、孙、伯叔父、侄、兄、弟、姑姊、夫、妻、舅甥、舅姑、妇、妾、乳母等伦常顺序，系统阐述了家庭的伦理系统和治家原则、修身养性和为人处世之道，引用了诸多儒家经典的治家、修身格言，还收集了大量实例和典范，即便今人看来，也仍很有启发。

《家范》卷二"祖"中的正反两段论述，引人深思。司马光先从反面的现象说起：

为人祖者，莫不思利其后世。然果能利之者，鲜矣。何以言之？今之为后世谋者，不过广营生计以遗之。田畴连阡陌，邸肆跨坊曲，粟麦盈囷仓，金帛充箧笥，慊慊然求之犹未足，施施然自以为子子孙孙累世用之莫能尽也。然不知以义方训其子，以礼法齐其家。自于数十年中勤身苦体以聚之，而子孙于时岁之间奢靡游荡以散之，反笑其祖考之愚不知自娱，又怨其吝啬，无恩于我，而厉虐之也。始则欺绐攘窃，以充其欲；不足，则立券举债于人，俟其死而偿之。观其意，惟患其考之寿也。

这段话是说，作为先辈，没有人不希望能造福后代。可真正能造福后代的人，却少之又少。原因在于今天那些为后代谋利的人，留给后代的田地接连不断，店铺遍布街市，粮食丰盈仓库，财物充塞箱子，以为这样子孙就会世代享用不尽。但他们却不懂得将做人的道理传给子孙，不懂得遵循礼法管理家庭。先辈们辛勤劳作几十年所积累起来的家业，却被纨绔子孙在短时间内挥霍殆尽。子孙们反而讥笑祖辈们愚昧无知，不知道享受，还埋怨祖辈吝啬，不仅不曾留下恩惠，反而虐待了自己。开始往往会欺骗盗窃，来满足自己的私欲，一旦不够，就向别人立券借债，打算等到祖辈死后再来还债。仔细观察这些不肖子孙的心思，就会发现他们只怕先辈们寿命太长。

然后，司马光又举了一个正面的例子，北宋张齐贤（943—1014）当上宰相后"所居堂室，不蔽风雨；服用饮膳，与始为河阳书记（地方低级官职）时无异"，他身边人规劝他，宰相俸禄这么高，如此节俭恐怕会招致背后的议论。张齐贤说："此禄安能常恃？一旦失之，家人既习于奢，不能顿俭，必至失所，曷若无失其常！"宰相这样的职务，一个人能当几年？如果全家人习惯了奢侈的生活，那么短短数年之后张齐贤失去这样高的俸禄收入，全家人生活水平便会断崖式下降。张齐贤留给子孙的绝不是高官厚禄和物质财富，而是清廉节俭的道德风范。司马光点评道："此皆以德业遗子孙者也，所得顾不多乎？"

2. 李邦献《省心杂言》

《省心杂言》（又称《省心录》《省心杂谈》《省心诠要》）一卷，宋李邦献撰。李邦献，生卒年不详，字士举，怀州（今河南沁阳）人，北宋末年宰相李邦彦（？—1130）的弟弟。

《省心杂言》篇幅不长，由几十条格言组成，通过论述人生哲理，阐述了修身治家以及入仕为官后保持自律、防微杜渐的方法。其中不少格言是李邦献结合自己的际遇有感而发的。全书以大量篇幅讲述了君子应如何"修身而守道"，提出"孝弟忠信，立身之大本；礼义廉耻，行己之先务"，士人进入仕途后，在人生道路上常面临许多问题，譬如义与利的抉择、理与欲的交战、富贵与命运的矛盾纠结，对此，李邦献主张"知足则乐，务贪则忧"，"功名官爵，货财声色，皆谓之欲，俱可以杀身"。

《省心杂言》中有关教诲子女的内容非常丰富。关于如何教育子孙，李邦献指出："教子弟无他术，使耳所闻者善言，目所见者善行。善根于心，则动容周旋无非善。"他还再三强调："以德遗后者昌，以祸遗后者亡。"所谓"以祸遗后者"，就是指"聚敛财富"。"为子孙作富贵计者，十败其九"，财富往往使子孙耽于声色犬马，必然败家亡身，因此他认为广积聚者，实际上是将祸患留给子孙，与其广聚财货，不如以身作则，教子孙为善与做人，家世的美德与向善精神是留给子孙最宝贵的财富。

《省心杂言》中有一段文字集中论述了官员的操守：

> 士大夫若止以一官之廪禄计，则不知其为素餐。请以驱役之卒，奉承之吏，供帐居处，详陈悉算，则廪然如履冰，岌然如临渊，有愧于方寸者多矣。若于奉公治民之道不加思，则窃人之财，不足为盗矣。

如果将士大夫的所作所为与实际上得到的俸禄以外的各种待遇相比较，大多数人可以说是"尸位素餐"，所作所为对不起他得到的种种享受和优待。举例来说，为官员服务使唤的杂役、提供辅助公务支持的胥吏都由公款供养，官员的官邸住宅和日常用度，也都是以公款支付的，如果把这些待遇与俸禄相叠加，有良知的人都应该心中有愧。如此情况下，还不奉公执法、勤政爱民，那官员就相当于从国家窃取财物，比盗贼还不如。李邦献的这段训诫，论述了官员如何正确对待个人待遇的问题，对于今人来说，实在大有价值。

《省心杂言》由于贴近人们的生活，以哲理性的格言警语表达思想见解，使人警醒，因而颇受欢迎，经多次翻刻，广为流传。

3. 杨简《纪先训》

杨简（1141—1225 或 1226），字敬仲，谥号文元，世称"慈湖先生"，慈溪（今浙江省慈溪市）人。孝宗乾道五年（1169）中进士，授富阳主簿，历任国子博士等，官至宝谟阁学士、大中大夫。著有《慈湖遗书》《杨氏易传》《先圣大训》《石鱼偶记》《慈湖诗传》《五诰解》等。杨简在《纪先训》中记录了其父杨庭显（1106—1188）的修身、教子、齐家、治国之方，共计二百多条，以此训诫子弟后人。

杨庭显认为，一个家族想要长盛不衰，必须遵守道德规范。一般人都知道为家族建造一座新屋，必须要先打下坚实的地基，但他们未必知道家族真正的基础不是物质，而是精神。"汝辈谋屋，先须筑一片基址。且道如何是基址？务廉谨是基址，学安静是基址。此一片基址极好。若欲将钱急于营图架屋，便错。"一个家族想要长盛不衰，一定要廉洁、谨慎，一定要清心寡欲，不谋取非分安荣。物质形态的房屋，是容易倾颓毁坏的，而以道德为基础的家族是永远有生命力的。

杨庭显特别重视对子女规则意识的培养，他认为"家和万事兴"的关键是家族内部建立严格的制度："立家有法度，人不敢慢易。"杨庭显还认为遵纪守法是道德修养的题中应有之义。杨庭显进一步阐述道："处世遵承法度，不失大人君子之体。夫有变更者，莫不虑其有失，然遵承法度，纵失，所失亦轻。或出于私见而有失，则所失重。"法度，本是很多正人君子智慧的结晶，遵守法度就是遵守社会的公序良俗，做到严格守法，自然不失为君子。法度还代表了底线思维，现实生活中，人难免会考虑不周，发生失误，但在遵纪守法的前提下，即便有所失误，也是小过失，因为法度已经画出了做人的底线，底线以上，纵然有不足、不当之处，也不是大的污点。若枉顾法度，教训必然惨痛。

杨庭显还主张将价值观教育与"富国强兵"统一起来。他说："善治国者必以德教，德教行则治道成。彼忧财用与畏夷狄者，不足语此。时论有以夷狄为畏，财用为忧。先公（杨简称杨庭显）曰：'宰相优劣，但以此考验。'"治国者要把德教放在重要位置，把培育和弘扬当时社会的核心价值观作为凝魂聚气、强基固本的基础工程。这个基础打好了，国家就能富强，财政困难与外敌威胁这两个内忧外患也就不难解决了。

杨庭显认为个人的才能必须与职位相适应，不能以谋取高位为追求："君子仕宦，或有升擢，自顾其材，不足则辞之，于义为当，于身则荣。才不称职，君子耻之。"君子受到提拔，如果感到自己的能力和条件不足以胜任这个职位，就应该主动辞去，既符合道义，也为自己赢得了美誉。在传统中国，进士登科是家族的巨大荣誉，一般人都指望子弟登第后立刻当官。但杨庭显主张新科进士先不要急着当官："吾家子弟，或忝科第，未可遽入仕。必待所学开明，从而自试。上不误君上任委之心，下不失民人倚赖之意。九泉乃祖于此无憾矣。"科举所要学习的知识远远不足以满足当官临政的需要，因此登第者不要急于到吏部参加铨选，先在家认真学习，通达事理、谙熟世情之后，再去做官。

4. 袁采《袁氏世范》

袁采(生卒年不详),字君载,浙江信安(今浙江省常山县)人。著有《政和杂志》《县令小录》《袁氏世范》等书,今只有《袁氏世范》传世。其详细事迹已不可考。《袁氏世范》一书集中体现了在不抑兼并、商品经济空前繁荣的背景下南宋家庭经济运行中出现的一些新特点,也记载了袁采总结仕途生涯的甘苦之言。

袁采认为"穷达白两途",仕途的顺利或艰难、官位的高贵或卑微,不是以人的主观意志和主观努力为转移的。道德操守与富贵名利也是不相关的两回事。回顾历史、考察现实,都存在一些不公平、不公正的现象:"若如此,则孔、颜应为宰辅,而古今宰辅达官不复小人矣。……今世间多有愚蠢而飨富厚、智慧而居贫寒者。"

袁采认为要认识到人的道德操守是自身的本分,不管客观际遇如何、处境如何,一定要坚持规行矩步。"不可谓操履之正,自宜荣贵,操履不正,自宜困厄。……盖操履自是吾人当行之事,不可以此责效于外物。责效不效,则操履必怠,而所守或变,遂为小人之归矣。"如果因为仕途不大如意,就考虑改变自己正直的道德操守,这就流于不肖小人。总之,个人前途不必牵肠挂肚,不必冥思苦想。"操履与升沉自是两涂,……皆自有一定之分,不可致诘。若知此理,安而处之,岂不省事?"如果明白了这个道理,就能专心致志地做正确的事。

袁采还认为,士大夫退休回乡居住后,也要始终保持晚节。

他说：

> 士大夫居家能思居官之时，则不至干请把持而挠
> 时政；居官能思居家之时，则不至狠愎暴恣而贻人怨。
> 不能回思者皆是也。故见任官每每称寄居官之可恶，
> 寄居官亦多谈见任官之不题，并与其善者而掩之也。

意思是：士大夫闲居在家时，能思索一下在朝做官时的所作所为，就不至于再去干预地方事务了；做官时能思索一下卸职居家时的落寞处境，就不至于刚愎自用、暴戾恣睢而招致他人怨恨了。但在现实中，能够换位思考的人少之又少。因此正在为官的人与赋闲在家的人相互指摘，连人家做得好的地方也一笔抹杀了。

《袁氏世范》中还有一条名为"子孙常宜关防"，"关防"就是监督、防范的意思。袁采说，达官贵人通常不知道自己的儿子、孙子在外面干的坏事，因为："盖子孙有过，多掩蔽父祖之耳目。外人知之，窃笑而已，不使其父祖知之。"至于同乡的其他官绅家族，即便知道那些丑事，也不会当面告诉这个官员本人，甚至官员本人在听到风声后，还会认为是他人故意陷害自己的子孙。"况又自以子孙为贤，而以人言为诬，故子孙有弥天之过而父祖不知也。"袁采说，富裕人家子弟所犯过错，不过是酗酒、好色、赌博，最坏的结果只是将家财散尽，但高官家庭的子孙能干的坏事远不止于此，他们在乡里强买强卖，从事高利贷，欺行霸市，干涉司法公正。"乡人有曲理犯法事，

认为己事，名曰'担当'；乡人有争讼，则伪作父祖之简，干恳州县，求以曲为直。"高官家庭的子孙可以假托父祖的名义写信给县官，要求做出有利于一方的判决，然后收受该方的贿赂，但从头到尾，父祖本人一无所知。这些不肖子弟并不怕陷父祖于不义，"不恤误其父祖，陷于刑辟也"。实际上，一旦这种坏事败露，父祖本人不仅会受到牵连，也会陷入牢狱之灾。因此身为高官，一定要时时训诫自己的儿孙后辈平日的道德品行，经常监督，不能溺爱庇护，"凡为人父祖者，宜知此事，常关防，更常询访，或庶几焉"。

三、官箴教育

官箴，也叫官箴书，即古代阐释官员的职业道德、总结官员从政经验的著作，主要适用于地方行政官员，其用途或为向接替自己的下一任官员介绍本地情况和治理特点，或为向全体官员介绍自己的为政之道和治理之术。典籍中可以看到宋代官箴极多，但完整保留下来的只有五种：李元弼（生卒年不详）《作邑自箴》、吕本中（1084—1145）《官箴》（《舍人官箴》）、佚名《州县提纲》、胡太初（生卒年不详）《昼帘绪论》，以及许月卿（1216—1285）《百官箴》。此外，明代学者还从大思想家朱熹、真德秀的作品中摘录出他们关于从政道德的言论，分别编辑成《朱文公政训》《西山政训》，这两部著作篇幅极其短小，体裁为格言体，流传甚广，事实上也发挥了官箴的作用，这里也一并加以简要介绍。

1. 李元弼《作邑自箴》

北宋李元弼《作邑自箴》（十卷）是现存唯一的北宋官箴。李元弼，字持国。宋史无传，生卒、籍贯不详，但可以明确的是，他在绍圣年间（1094—1098），曾知余杭县（今浙江省杭州市余杭区），为一方"子民之任"，颇有政绩。后逗留于江南，在广陵县（今江苏省扬州市广陵区）等待下一个职务时，把有关内容整理成该书。"作邑"即担任县令（或知县）的意思，"自箴"包括李元弼对自己治理县政得失经验的总结，也有他向其他前辈学习得来的经验，他将这些内容"著成规矩，述以劝戒"，对地方官具有广泛的规劝、警示和指导意义。南宋孝宗淳熙六年（1179），浙西提刑司刊刻此书，即是明证。

李氏在《作邑自箴》中十分重视修身、齐家的功夫，这体现在该书卷一"正己"部分中。李元弼强调，"凡欲治人，先须正己"。正己在于"谦、和、廉、谨、勤"五字。

关于"勤"，李元弼说："古语云，长民有三莫，一曰无事莫寻，二曰有罪莫放，三曰事多莫怕。""长民"即"为民之长"，代指县令。县令不能为了虚假政绩无事扰民，随意改变行之有效的已有做法；对罪犯不能轻易饶恕；凡是对老百姓有利的好事，多多益善，不能惜力，不能怕麻烦。

关于"谨"，他指出："乘酒、方怒，皆不宜书断并决栲罪人。"官员如果喝过酒或者刚刚因别的事情发过脾气，那就不能马上处理公务，尤其不能审判案件。又指出："公人带酒容，最为不佳，宜严戒之。"执行公务的人脸上带有酒气，有碍观瞻，必须严格禁止。他还特别提到"筵会戒深夜"，宴会不可持续到深夜，影响第二天的工作。李元弼对"谨"的重视还体现在积极预防身边关系密切者营私舞弊上，他说："才礼上，便出榜十数要闹处井镇市晓谕，无亲戚、门客、秀才、医术、道僧、人力之类随行，仍牒管下官监场务照会。"一旦完成上任仪式，县令应马上在交通要道、集镇闹市贴出告示，告诉境内百姓，本官没有携带任何一个亲戚、门客、秀才、医生、和尚、道士、苦力上任，如果有上述人等声称自己是县令带来上任的，都是假冒之徒。同时要特别通知县境内官营的作坊、矿场、市场，预防奸人假借此种名义来招摇撞骗。

关于"谦"和"和"，他举例说："上官误有沮驳公事，不可谓理胜在我，辄于应答之间失上下之分。"上级对某项公事的处理明显有误，虽然道理在我，但不能因此而顶撞上司，失去上下级的礼仪。但他补充道："必曰任气、苟容，然后谓之刚柔，此则未敢闻也。"有的人认为性子大、发脾气才是刚正，对不良现象无限纵容叫态度柔和，这是完全错误的。

"廉"是县令立身的大节，丝毫不能苟且含糊。李元弼认为，礼物的赠送答谢不是小事，关系到官风官德。"时新馈献之物，虽曰厚答之，亦不可受。至如同官惠口味之属，医人供纳圆散，岂可径转归家？其有包苴者，皆饬厅吏视过。"平时交往过程中，知县会收到别人赠送的时令土特产，虽然有的人会在得到馈赠之后答谢以超出其价值的礼物，但这样也是不妥的。同僚赠送的美味食品、医生赠送的药物，绝对不能带回家纳为己有。要命令值班的胥吏严格检查送来的东西，及时制止有人借助送礼行贿的行为。

县令居住的住宅与处理公务的公厅是一个整体，俗称"县衙"。县衙内的器物、陈设、装修是公款置办的，县令一定要做出表率，加意爱惜。"公宇门窗、什物、花木之属，悉书于榜，仍著籍，同官通签押。遇有倒损增添，即时书凿什物之属，仍题号于其上，可刻者刻之。"衙门里的家具、器物、花木，都是公有财产，要准确填写登记，装订成登记簿，而且要同事（县丞、主簿、县尉等）一起核对无误后签字画押。以后如果发生损坏、丢失、新增等变动情况，一定要及时登记物品名称、数量、置办时间，并且编号。他还主张严格区分个人事务与公家事务，"签书笔墨、缘私干纸札、厅上灯烛，悉须自备"。文房四宝、处理个人事务所需要的纸张、官衙中的灯火蜡烛，都必须自己出钱购买，不能使用公款，杜绝公私混淆。

要做到"谦、和、廉、谨、勤"五字，关键是一个"公"。李元弼说："临事当无心，无心则公，有心则偏。传曰：'公生明，偏生暗。'""无心"不是不动脑筋、无所用心，而是指没有私心。县令处理公务时不能有私心杂念，要尊重事实、公平公正、以民为本。处理本县公务要视"公事如家事，官物如己物"，对待公家事务就像处理个人事务那样认真上心。

2. 吕本中《官箴》

吕本中，字居仁，号东莱先生，吕公著（1018—1089）之曾孙。曾任济阴主簿、起居舍人，官至直学士院，一生著述甚丰。吕本中《官箴》不分卷，由三十三条格言组成。全书第一条就指出："当官之法，唯有三事，曰清，曰慎，曰勤。知此三者，可以保禄位，可以远耻辱，可以得上之知，可以得下之援。"此语对后世影响巨大。康熙皇帝（1654—1722）亲笔写"清、慎、勤"三个字赐给群臣，清代很多衙门正堂都以这三个字为匾额。《四库全书》编者称赞这三个字："固有官者之龟鉴。"梁启超（1873—1929）在《新民说·论公德》中说："近世官箴，最脍炙人口者三字，曰清、慎、勤。"

　　吕本中所谓的"清、慎、勤"具体有何含义呢？为什么当时的官员很难做到这三个字呢？

　　关于"清"，吕本中认为不该拿的钱一文都不可取。譬如："当官取庸钱、般家钱之类，多为之程而过受其直，所得至微而所丧多矣。亦殊不知此数亦吾分外物也。"官员在赴任过程中雇用仆役装运行李、搬入官邸，可以由公款报销，有些官员在报销时多开工时费，获得蝇头小利，却丧失了做人的基本原则。

　　"慎"首先是"慎始"。吕本中说："然世之仕者，临财当事不能自克，常自以为不必败。持不必败之意则无所不为矣。然事常至于败而不能自已。"官员遇到获取财富的机会，不能自加约束，想当然以为贪污受贿行为不会被查处；一旦坚信自己永远不会出事，就开始无所不为了，于是罪行越来越严重，最终身败名裂。而且，第一次贪赃枉法之后，官员心中已虚，会时时防范被揭穿、被举报，于是"借使役用权智，百端补治，幸而得免，所损已多，不若初不为之为愈也"。贪污者绞尽脑汁，百般掩饰，花费财物，贿赂上司和相关人员，结果非法所得的一大部分钱财作为掩饰罪行的成本而被耗费掉了。故吕本中说："故设心处事，戒之在初，不可不察。"防范腐败一定要抓早、抓小、抓苗头，否则一步错，步步错，积重难返。其次，"慎"还意味着要注意官场上的各种风险。官员对胥吏不能言听计从，要时时监督，最好亲力亲为。"谚有之曰：'劳心不如劳力。'此实要言也。当官既自廉洁，又须关防小人。如文字历引之类，皆须明白，以防中伤，不可不至慎，不可不详知也。"有些官员自己能够保持廉洁，但是胥吏会在呈批的文书上做各种手脚，达到营私舞弊的目的，官员本人如果不勤、不慎，不仔细琢磨研读，就很有可能日后遭到中伤。最后，"慎"还强调注重个人修养，加强情绪管理。吕本中强调："当官者先以暴怒为戒。事有不可当，详处之，必无不中。若先暴怒，只能自害，岂能害人？"

关于"勤"，吕本中说："小人之性专务苟且，明日有事，今日得休且休。当官者不可徇其私意，忽而不治。"胥吏是官员手下的办事人员，对待公务得过且过，官员不能受其误导，对故意怠慢公务者要及时惩治。"勤"虽然倡导雷厉风行、讲究效率，但吕氏也说碰到疑难复杂的案件，一定要深思熟虑。"凡事只怕待。待者，详处之谓也。盖详处之，则思虑自出，人不能中伤也。尝见前辈作州县或狱官，每一公事难决者，必沉思静虑累日，忽然若有得者，则是非判矣。""详处"即深思熟虑，反复考虑。不管案件如何疑难，只要通过这一过程，产生的判决结果往往尊重事实、符合法条，经得起历史检验，不怕别有用心的人吹毛求疵。

总之，只要在仕途的起点就牢牢记住"清、慎、勤"三个字，那么"用力寡而见功多，无如此言者，人能思之，岂复有悔吝邪"。减少无数麻烦，人生何等轻松快活。

除了"清、慎、勤"之外，吕本中还特别强调，对于涉及地位较高、势力较大的人的诉讼，一定坚持平心静气、秉公处理。"凡治事有涉权贵，须平心看理之所在。"如果权贵有理，当然不能为了树立自己不畏权贵的形象而故意冤枉他。假如权贵无理，也不能投鼠忌器，必须秉公判决。"直须平心看，若有一毫畏祸自恕之心，则五分有理便看作十分有理。若其无理，亦不可畏祸，曲使之有理。"吕本中指出，假如心中怀有哪怕一丝对权贵的畏惧之心，或者将权贵的势力作为原谅自己枉法裁判的借口，那么即使权贵五分有理，你也会判他十分有理。不过，清官自古难以立足于官场，也要以适当的方式保护自己，对于权贵无理的案子，判决之后不要大事宣扬。"政使见得无理，只须作寻常公事看。断过后不须拈出说。寻常犯权贵取祸者，多是张大其事，邀不畏强御之名，所以彼不能平若处得平稳妥帖。"因为权贵最重视脸面和舆论，被大事宣扬后会生起报复之心，暗中吹毛求疵，乘机陷害。假如一个官员将处理了一件有关权贵的案子当作巨大政绩到处炫耀，那么其主观动机已经是不正当的。"盖此乃职分之常。若特然看做一件事，则发处已自不是矣。"

吕本中还告诫当官之人一定要"实"，就是诚实不欺瞒，"当官处事但务着实"。有的人涂改个人档案中的不利内容，对过期的官方文书进行篡改，对以前没有画押的文书补上画押，这些行为"万一败露，得罪反重，亦非所以养诚心、事君不欺之道也"。一旦败露，就是重罪。吕本中说："百种奸伪，不如一实；反覆变诈，不如慎始；防人疑众，不如自慎；智数周密，不如省事。不易之道。"

吕本中还认为，弄虚作假是道德修养不足造成的，因此一定要在日常生活中、在成长过程中重视道德教化和诚信教育。"此理非平居熟讲，临事必不能自立，不可不预思。古之欲委质事人，其父兄日夜先以此教之矣，中材以下，岂临事一朝一夕所能至哉！教之有素，其心安焉，所谓有所养也。""委质事人"就是为朝廷当官，如果在此之前，父亲和兄长就已经用"清、慎、勤、实"教育过他了，那么碰到利益诱惑时，他才能不受诱惑。

3. 佚名《州县提纲》

《州县提纲》四卷，旧题北宋名臣陈襄（1017—1080）所撰，但此说已被否定。不过，虽然无法确定作者是谁，但可以肯定此人曾在州、县两级任职。"提纲"意为提纲挈领。该书卷一主要劝诫州县官吏要洁己省身，奉职循理，节用养廉，防吏弄权；卷二记载州县官员审理狱讼与征发徭役时的注意事项；卷三论述讯察狱囚、拷问罪犯的注意事项；卷四是征收赋税、管理钱粮的具体方法。后人评价本书"论州县莅民之方，极为详备，虽古今事势未必尽同，然于防奸厘弊之道，抉摘最明"，故向来推为"司牧（县令）之指南"。该书是存世较早的基层地方官的施政指南，对当时主持地方行政、司法实务颇有指导意义，对宋代以后这类书籍的流行起到引领作用。

《州县提纲》卷一的第一条名为"洁己"，专门详细讨论了廉洁问题。作者开宗明义，提出："居官不言廉。廉盖居官者分内事，孰不知廉可以服人？"为官必廉，廉洁是官员的基本操守，是做官的题中应有之义；如果不能做到廉洁，根本没有资格当官。但是天下贪官墨吏仍然很多，作者认为，有些人天性贪婪，无可救药。"其天资黩货，窃取于公，受赂于民，略亡忌惮者，固不足论。"值得注意的是有些良心未泯的人（"稍知忌惮者"），意识到贪污受贿的可耻和卑鄙，就以五花八门的借口安慰自己，用各种花招诡计掩饰罪行。最经典的借口是："吾不窃取于公，受赂于民足矣。"意思就是："我没有贪污公款，我只是从那些企图获得非法利益的老百姓那里取得贿赂而已。"典型的场景是：胥吏向县令呈送一个案件，县令估计胥吏一定向原告索取了贿赂，于是"曲从书判"，顺从胥吏的意见下了判决。此后，假定胥吏已经索贿成功，县令就用各种手段压榨胥吏。"责置缣帛，虚立领直，十不偿一。私家饮食，备于市买，纵其强掠于市，不酬其钱；役工匠造器用，则不给衣食，勒吏轮具；以至灯烛樵薪，责之吏典。"命令胥吏购买衣物面料，但报销价款时大打折扣；自己私人的饮食，命胥吏到商家购买，但不发给胥吏价款，纵容他们对商家强拿白要；自己要打造器物，也不付工匠工资，却命令胥吏们凑钱支付；乃至生活中必需的灯火、蜡烛、柴火，都命令胥吏购买。由于县令直接压制的对象是胥吏，这种行为似乎在道德上更加高尚，实则掩耳盗铃。"虽欲避窃取受赂之名，不知吏之所得，非官司欺蔽，则掊民膏脂，吾取于此，与窃取受赂何异？"这些利益最终的源头都是民脂民膏，这些行为与直接受贿、直接贪污并无区别。作者最后说，人一生能积累多少财富是命中注定的，超过了这个定数所获得的不义之财，必然会在其他地方亏损，"思人生贫富，固有定分，越分过取，此有所得，彼必有亏"。一旦犯了贪污刑法，"况明有三尺，一陷贪墨，终身不可洗濯。故可饥可寒，可杀可戮，独不可一毫妄取；苟有一毫妄取，虽有奇才异能，终不能以善其后"。宁可忍受贫穷、饥饿，宁可冒生命危险，也要坚持不妄取一丝一毫不义之财；一旦非法获取财富，哪怕只有一丝一毫，最终也一定会败露，受到应有的惩罚。

《州县提纲》还提倡"节用养廉"："故欲养廉，莫若量其所入，节其所用，虽粗衣粝食，节澹度日，然俯仰亡愧，居之而安，履之而顺，其心休休，岂不乐哉！"很多官员走向贪腐，就是因为平日开支消费毫无节制。"用度不节，日用、饮食、衣服、奴婢之奉，便欲一一如意。重之以嫁娶之交迫，必至窘乏。"对于原生家庭经济情况比较普通的官员，平日过度追求生活享受，一旦碰到子女嫁娶、红白喜事等大额支出，单靠俸禄无法应付，便易做出违背廉政之事。"夫平昔奢侈之人，一旦窘乏，必不能堪，窥窃之心繇是而起。猾吏弥缝其意，又从而饵之。"平日习惯奢侈享乐的人，一旦遇到困窘的情况，必然无法忍受，就会生出祸心。狡猾贪婪的胥吏则会乘虚而入，引诱意志薄弱、处境窘迫的县令贪赃枉法。

《州县提纲》还提出地方官员要树立正确的政绩观。有些人汲汲谋求上司同僚的赞誉，本来老百姓安居乐业，对现行政策已经十分适应，县令因为听说上司有某种改良的意图，就不顾实际，无事生非，希望借此获得上司的赏识和注意。"居官有欲沽虚誉而觊美职者，民本安静，必欲兴事改作，以祈上官之知。"宋代地方官对于路过的出差官员本来有接待的义务，但是部分地方官刻意提供豪华精美的餐饮，赠送过于贵重的礼物，希望这些过路的官员能在外面夸赞自己。"以至修饰厨传，厚赂过客，甚则为矫激不情之事，外欲钓君子之名，而内实市辈之不若。"作者认为，官员的口碑和名誉取决于能否为民造福。"岂知官职固自有分，讵可以沽名得，是是非非，久而自定，要当尽其在我，而民被实惠足矣。"若是真正为老百姓谋求长久之实惠，即便短期内不被理解、受到批评，时间也能证明一切。《州县提纲》说："此心一起，则朝夕之所以经营扰扰者，无非为名，其实亡一毫实利及下，非惟名不可得，且适足为识者之讥。"如果将短期的美誉度作为追求的目标，政绩观一定会走入邪路，最终其沽名钓誉之举还是会被戳穿。

对于公款宴请，《州县提纲》也提出了"燕会宜简"的主张。在宋代官场，同官一州、同官一县的官员们相互宴请，雇请歌伎助兴，并不违法。但是，作者指出，宴会中歌伎的开支占了大头，而州与县的情况不同，州一级有专门的经费，名为"公使钱"，专门负责这种公款宴请的支出，但县一级没有这笔经费。"夫郡有公帑，于法当用；县家无合用钱，不过勒吏辈均备耳。"实际情况是，县令命令胥吏均摊这些费用，胥吏中，狡猾者敲诈平民百姓，用民脂民膏供应官员们的娱乐活动，老实巴交的胥吏只能典当自己的衣物和家具，那么县令大吃大喝之余又于心何忍？"夫吏之所出，皆民膏脂，以民之膏脂而奉吾之欢笑，于心宁亡愧？"是以《州县提纲》建议，县令应该在下班或休假时，根据自己的俸禄水平，出钱宴请同僚，千万不要雇请歌伎，浪费金钱。"故县官于公退休沐之暇，宜以清俸为文字饮，不妨因而商榷职事。物虽不足而情有余矣。"宴会过程中，不妨一起商量工作；虽然物质上比较寒酸简陋，但县令用自己的钱请客，更能敦睦同事之间的情谊。

4. 胡太初《昼帘绪论》

胡太初，生卒年不详，天台（今浙江省天台县）人。理宗嘉熙二年（1238）进士，曾知全州、处州、汀州，地方行政经验丰富。理宗端平二年（1235），其外舅陶某任香溪（今浙江兰溪北）县令，胡太初总结其父胡余潜（生卒年不详）的为政心得，重点围绕县令居官之道，共撰十五篇，赠给外舅，书名《昼帘绪论》。"昼帘"，字面意思是白昼垂帘，白昼本来是忙于工作的时间，衙门内却能垂下帘子，悠然自得。宋代诗人何梦桂（1229—1303）《赠边县尹》就有"昼帘余暇浑无事，好去栽花待胜游"两句，因此"昼帘"特指县令处理政务从容不迫，得心应手。

本书不分卷，分成"尽己篇"（约束自身）、"临民篇"（治理百姓）、"事上篇"（对待上司）、"僚采篇"（对待同事）、"御吏篇"（驾驭胥吏）、"听讼篇"（司法裁判）、"治狱篇"（监狱管理）、"催科篇"（催收赋税）、"理财篇"（整理财政）、"差役篇"（编排差役）、"赈恤篇"（赈灾救助）、"用刑篇"（执行死刑）、"期限篇"（提高效率）、"势利篇"（对待富家豪强）、"远嫌篇"（远离嫌疑）等十五篇，其书性质与《州县提纲》相同。《昼帘绪论》罗列众多具体施政事宜，而以洁己清心、勤政爱民为急务，开篇首句就指出"莅官之要，曰廉与勤"。其内容大致可总结为清廉、慎行、勤政三点。

胡太初在书中首篇"尽己篇"中表示："廉，吾分内事也。"书中先对贪污官吏的"物交势迫，浸不自由"这种借口进行了批驳，其逻辑与上文《州县提纲》一致，此不赘述。

在"尽己篇"中，胡太初论证了勤政的重要性。他写道："勤，吾职分之当然也。"胡太初同样先从勤政变懒惰的"借口"开始剖析。繁忙而无尽的政务，一个人竭尽全力也无法应对。而精力有限者，疲于应付；得过且过者，懒于应付；贪图享乐者，忘于应付。许多锐意自强者，也被繁重的公务磨掉心志，一旦发现政务竟可以依赖于胥吏，"终亦归于苟道而已"。而要做到勤政，"其要莫若清心，心既清则鸡鸣听政。所谓一日之事在寅也。家务尽屏，所谓公而忘私也。勿以酒色自困，勿以荒乐自戕也"。县令要保持良好的起居习惯、健康向上的生活方式，摒弃无益的娱乐，保养精神，早晨听到鸡鸣即起，忘记家事，只专注于公事。胡太初说，县令要保持心情不烦乱，办法就是井井有条地处理公务。"今日有某事当决，某牒当报，财赋某色当办，禁系某人当释，时时察之，汲汲行之，毋谓姑俟来日，则事无不理，而此心亦宁矣。"一日之计在于晨，早起盘点一天应行之事，某项工作需要立即下达指示，某件上级来文需要马上回复，某项钱粮要今天收上来，某个犯人应该刑满释放。这些应该处理的工作全部处理完以后，自己的身心才得以安顿，才能做到心中清明，不烦不躁。

在"临民篇"中，胡太初提出对老百姓应该坚持慈爱与严明相结合。"令为民父母，以慈爱为车，以明断为轫，而行之以公恕，斯得矣。"轫，是车上置于辕前端与车横木衔接处的销钉。没有"明断"，慈爱这辆"车"无法开动。县令对百姓的慈爱首先表现为行为礼仪上的和蔼可亲，胡太初称之为"略势分"，意思是略去上下级等级差别。在官员体系中，县令是最接近老百姓的官员——"令为近民之官"，但是现在百姓与县令之间相隔如河汉。"而今也，民视令不啻如天之远，如神明之可畏。"百姓虽然有冤屈，求告县令却不得其门而入。百姓好不容易来到县衙，迎面而来的是胥吏、兵卒的呵斥拦阻，然后不分青红皂白，先吃一顿鞭笞，胆子小的老百姓，即便最终跪在了县令面前，也不敢诉苦喊冤。胡太初认为，必须改变这种情况，"故欲通下情，莫若大启门庭，屏去吏卒，躬自呼之，几席之前，康色诘问，以尽其所欲言，其壅蔽不得达者，则设锣县门之外，俾自扣击。如是则民情无有不获自尽者矣"。首先要大开衙门，禁止胥吏、兵卒骚扰告状百姓；其次，县令在审案时要亲自叫上诉人近前，面对面和颜悦色（"康色"）询问案情，让他畅所欲言，讲清原委。最后，县令要直接审理案件，可有效杜绝胥吏从中营私舞弊，勒索贿赂。

在"势利篇"中，胡太初详细阐述了县令与当地富家、官户、豪强的交往之道。他观察当时的官场，认为很多官员"以抑强扶弱为能"，把富裕与强横画等号，见富必抑，那自然会发展出一种极端的仇富心理。"今之从政者，类以抑强扶弱为能……故凡以势利至者，不问是否，例与摧抑。"胡太初说，官员队伍中确实有一些人专门逢迎富人、官户，坑害平民："有畏首畏尾，惴惴焉，势利之临，曲法徇情，奉承惟谨，求以为自全自媚之计者，是诚不足齿矣。然使一切以抑强扶弱为说，亦岂中道哉？"但是县令也不能不分青红皂白，对富人一律抑制，不给他们说理分辩、伸张正义的机会。何况，富人、官户中也有不少良善之辈，"其间有道义重士、文献故家，过从往来，尽可以问政请益。植材润屋，积粟盈囷，缓急凶荒，亦欲其捐有济无。巨室本未尝得罪于我，而我乃遽以抑强扶弱之说，先入乎其心，因得罪于巨室，不知巨室果何负于邑大夫哉？"。有些世家大族熟悉本县的历史情况，有些人急公好义，热心地方公益事业，县令应该与他们正常来往，请教咨询治理之策。只要县令平时坚持公平正义，以礼相待，碰到重大工程需要捐款捐物、荒年饥岁需要富人开仓放粮的情况，世家大族便会在这些领域发挥建设性作用。

在"远嫌篇"中，胡太初主张县令不仅应在主观上始终保持廉洁守法，而且要在日常生活当中注意细节上的避嫌，尽量杜绝被误解、被诬陷的可能性，避免"我本无有他也，而使人得以疑似之迹议我"的情况。譬如，远方朋友拜访县令，出于礼貌，县令一般会请他在衙门内的书院或其他房间见面。而衙门外的人不知道里面的情形，往往会传出谣言，说这位远方朋友是县令的至交友好，县令对他言听计从。就会有人走这位朋友的门路，寻求非法利益。"甲乞我金若干，当为转达百里（县令的代称），乙有请亦若是。飞盖驰毂，趋谒县斋，语话移时，倏然而退，则告甲与乙曰：'已为致委曲矣。'实未尝及齿也。他日令决其事，必有一胜，则如约取金，曰：'将以纳之琴堂（指县令）。'"甲与乙双方打官司，分别来央求县令的这位朋友，该朋友假装进县衙拜见县令，其实根本没提案子的事情，出来后却分别告诉甲、乙两方："我已经代你在县令面前求过情。"不久，县令下了判决，甲乙双方必然有一方获胜，这位朋友就敲诈胜方："你要出一笔钱感谢，由我来转送县令。"获胜一方乖乖交钱，而这笔钱落入了县令这位朋友的口袋，从头到尾，县令毫不知情，外面却已传开了县令受贿枉法的舆论，"令何辜而受此名哉？"。胡太初所描述的这一场景也许有某些真实案件的影子，实际上是一种非常极端、非常偶然的情况。但他要阐述的道理无疑是正确的。对普通人而言非常平常的生活细节，在县令这里，却可能会因稍微处理不当或失之明察，成为善良百姓的巨大灾难和胥吏腐败的温床。

5. 许月卿《百官箴》

许月卿，字太空，人称"山屋先生"，婺源许村（今江西省婺源县许村镇）人，理宗淳祐四年（1244）进士，官至提举常司干办公事。南宋灭亡后隐居不出仕，改号"宋士"。

许月卿生活在宋末元初，深深懂得"国家之败，由官邪也；官之失德，宠赂章也"的道理，认为官员失德腐败是政治腐败的主要原因。因此，他下功夫对当时的国家机构、职官设置进行研究，并效仿西汉杨雄《官箴》的体例，撰写《百官箴》四十九篇，按照宋代官署的职能，分曹列职，各申规戒。既列出各机构本身的职责，又列出其下属机构的职责，上自左丞相，下至太子太孙师友僚属，皆一一作箴。其中还对各职务违法失职的可能性、不能公平履职的严重后果，也都进行了详细说明，以达到警示的效果。比如"史臣箴"说"煌煌柱史，正色寒芒，史臣象之，敢有不忠"，即史官应秉笔自疏，直书无诌。又如"谏臣箴"说"朝廷有直臣，天下必太平"，谏官应无日不疏，敢于谏言，每天都不能放过皇帝的过失。再如"尚书吏部箴"说"天下犹身，一人元首，大臣腹心，心苟不清，身曷以宁"。国家如人的身体，皇帝是头脑，以吏部尚书为代表的重臣是心脏等重要器官。如果"心"不能保持清明宁静，身体就会胡作非为。在"尚书工部箴"中，许月卿感叹："爰自比年，浇浮已甚，善觇国者，可为寒心。"工部尚书负责为皇室和朝廷制造各种器物、牵头建设各种工程，许月卿尖锐地指出："楚王好细腰，宫中多饿死。上之好恶，可不谨之？"最高统治者之所以会有很多稀奇古怪的奢侈欲望，一个重要原因是工部等部门为了取悦皇帝，主动进献了一些没有实际用途、缺乏道德教化意义的物品。他希望工部尚书"勿作淫巧，以荡上心"，再也不要用各种奇技淫巧蛊惑皇帝了。

不仅如此，《百官箴》还对帝王提出了劝谏与忠告：统治者要坚持"民为国本"。在《尚书·五子之歌》中就有"民惟邦本，本固邦宁"的说法。许月卿认为宋朝地广不如汉朝，兵强不如唐朝，因此只有得民心，才能兴旺发达，统治者应"亲亲仁民，仁民爱物"（"宗正箴"），亲近百姓，施行仁政。为此，必须任德不任刑，以德育化万民。"枉法杀人，方镇跋扈，置而不问，焉用刑部？人命至重，当如是乎？录案以闻，刑部审诸，是不仁者，能壅吾泽。"（"尚书刑部箴"）如果地方官员枉法裁判，草菅人命，朝廷却置之不理，那么还要刑部这个部门干什么呢？死刑案必须送刑部复核，避免冤假错案，这样才能让老百姓实实在在地从皇帝的仁政中受惠。

　　治民若滥用刑罚，不教而杀，就好比治理河道不去疏浚，反而堵塞，最终会导致官逼民反。许月卿告诫统治者一定要切记"民贫则乱"这个道理，指出南宋对老百姓的压榨已经到了一个十分危险的程度："古者官养民，今也民养官。以民养官，犹之可言，更肆椎剥，其何以堪！"（"司农箴"）古往今来，官为民之父母，结果现在反过来，百姓供养官吏，如果官吏再肆意剥削，把财富藏于国家而不施之于民、用之于民，百姓贫穷得活不下去，就会不堪忍受而作乱，国家必生动荡。只有百姓富足，国家才能稳定。

　　从管理国家的角度出发，统治者要想加强君主专制和中央集权，使得国家这部机器始终运作有序，就得有驭人之术，一要明辨忠奸，二要善纳雅言。"御史箴"说："颙颙九重，天下所君，无他职事，惟辨小人与夫君子。"统治者要把辨别君子、小人当作第一要务，在辨识忠奸的基础上，还要开张圣听，广开言路，言者无罪，使忠谏之路上下通达。

　　统治者更要注意戒骄戒奢，切忌耽于享乐，横征暴敛，加重百姓负担。苛政猛于虎，统治者若利用严苛的政令、繁重的赋税盘剥百姓，其灾难甚于猛虎。许月卿在"将作监箴"中指出："民勤于力，宜省功筑；民勤于财，宜轻赋税；民勤于食，宜废百事。"只有统治者为民守财，不搜刮民脂民膏，不让天下人来侍奉其一人，国祚才能长久。

　　许月卿的《百官箴》内容翔实、条理清晰，从统治者、官僚、百姓三个角度出发，系统阐述了国家要想获得长治久安所必须遵循的各项政策。《四库全书》将《百官箴》及《进〈百官箴〉表》

《百官箴序》等一并收录，称《百官箴》"虽申明职守，仅托空言，而具列官邪，风戒有位，指陈善败，触目警心，亦未尝无百之一之裨焉"。《百官箴》中诸如"仁民爱物""德育万民"等思想精华，对于当今时代的廉政建设，都具有借鉴价值。

6. 朱熹《朱文公政训》

朱熹是宋代著名的哲学家、教育家，一生先后担任过县主簿、知军、知州、提举等地方官，从政经验非常丰富，为政风格偏于刚猛果断，疾恶如仇，特别崇尚担当精神。他对治国理政、廉政建设的言论散见于文集、语录之中。明成化年间（1465—1487），福建莆田彭韶（1430—1495）辑录朱子与其弟子问答为政之语，总八十余条，汇为一卷，便于为政者观览，故名《朱文公政训》。政训，即"为政之道的教诲"。《朱文公政训》也简称为《政训》。

朱熹认为，出仕任官，不应该计较官职大小，而要把"公"当作仕途的头等大事。他说："官无大小，凡事只是一个公。若公时，做得来也精彩，便若小官，人也望风畏服。若不公，便是宰相，做来做去也只得个没下梢。""精彩"就是指为官的政绩和美誉度。不要认为官当得越大，手中权力越大，做出来的政绩越阔绰可观，当官的关键是能否秉持公心。一个小官权力虽小，但若能为民兴利除弊，惩治豪强，他的政绩也会受到好评；如果没有一颗公心，只知保护自家仕途，那么即便做了宰相，也是畏首畏尾，遇到矛盾绕着走，遭到舆论唾弃，下场（"下梢"）也就不那么好了。但是，官员真正做到一心为公也不是件容易的事情。"今之仕宦不能尽心尽职者，是无那先其事而后其食底心。""先其事而后其食底心"便是指公心。官员必须做到重公利、舍私利，严于律己，公而忘私，过得了私情关。所以，官员对"公"的恪守，应当成为其基本的思想要求和行为准则，贯彻在日常的具体工作和生活中。

朱熹主张，为官要平易近民，近民则本固邦宁。《政训》讲："为守令第一是民事为重，其次则便是军政。""平易近民，为政之本。"在日常为政实践中，官员"为公"的实际表现是"为民"，"为公"和"为民"是一个事情的两个方面，"公"比较抽象，"民"则是具体的、实在的。为官者必须将这种认识转化为实际行动，为民办实事、除弊政，"事无大小，为之必成；害无大小，除之必去"。他说：

> 吾辈今经历如此，异时若有尺寸之柄，而不能为斯民除害去恶，岂不诚可罪耶？某尝谓今之世姑息不得，直须共他理会，庶几善弱可得存立。

这段话的大致意思是：我们这些人有过多年平头百姓的经历，深受治理不明、执法不公的坑害；假如我们以后当了官，手中哪怕只有一点点权力，如果忘了以前吃过的苦，如果不能为老百姓兴利除弊、铲除恶霸，我们就是有罪的人。朱熹还指出，南宋官场的风气是正气不能伸张，很多世人共知的不合理弊端，大家一味姑息包容，得过且过。其实，应该敢于为善去恶，为民造福，唯有如此，善良而无权无势的人才有一条活路。《政训》中讲："若既要为大官，又要避祸，无此理。"

　　儒学传统思想向来主张"息讼""无讼"，矛盾纠纷应该通过调解的方法说和，尽量避免进入司法诉讼程序。但是在南宋，"政清讼简"却成了一些人"懒政"的借口。有些士大夫考上进士后豪气干云，立志做一番事业，但是仕途上稍微有些挫折，就消沉自欺，变得老成圆滑起来，并将这种庸俗的明哲保身当作是阅历增长和思想成熟的标志。"一切刜方为圆，且恁随俗苟且，自道是年高见识长进。"这种"官场油子"善于"止讼之道"：

　　　　当官者，大小上下以不见吏民、不治事为得策。曲直在前，只不理会。庶几民自不来，以此为止讼之道。民有冤抑，无处伸诉，只得忍过。便有讼者，半年周岁不见消息，不得了决，民亦只得休和。居官者遂以为无讼之可听。风俗如此，可畏可畏。

　　有些官员认为只要不见下属、不见百姓，就不会杂事缠身。案子的是非曲直一清二白，当官者却迟迟没有约集双方、升堂问案，老百姓含冤抱屈，无处申告。时间拖了一年半载，老百姓等不下去，只好自己来撤诉，或与对方私下和解。而当官者就以为是因为自己治理水平高才"无讼之可听"，殊不知普通百姓已经深受其害。

　　朱熹对官场的形式主义、文牍主义深恶痛绝。他说：

被几个秀才在这里翻弄那吏文，翻得来难看。吏文
只合直说，某事是如何，条贯是如何，使人一看便见方是。
今只管弄闲言语，说到紧要处，又只恁地带过去。

"吏文"就是官场上往来的各种公文。他认为现在的公文
被一些没有从政经验和正确从政价值观的秀才给弄坏了，越写
越烦琐，越来越晦涩，不能真正解决问题。好的公文应该是开
门见山、直奔主题的，讲清事实，开列适用的法律法规，让人
一看就知道事情的是非曲直。

《政训》中的言论是朱熹根据自己的从政经历对当时治国
安民中存在的问题提出的看法，不仅对传统中国的官吏产生过
不小的影响，在加强廉政建设、端正社会风气的今天，对各级
领导干部也具有教育和警示意义。

7. 真德秀《西山政训》

《西山政训》作者为南宋理学家真德秀（字景元，号西山），
这部著作是明人从真氏的著作《政经》中摘要而成。主要内容是
真德秀在任潭州、泉州两地知州时的官文。真德秀是著名理学家，
在朱熹之后，与魏了翁（1178—1237，字华父，号鹤山）齐名。《西
山政训》所录内容是他在任地方官员时谕告州县官员的文字，其
间的诫勉指示，真实而直接地体现了传统廉政思想。

州县地方的治理主体是州县官员。真德秀总结出"四事"，
即"廉、仁、公、勤"，并以之与州县同僚相勉。他力图用这"四

事"来规范治理主体，作为治理主体建设的四项重要原则和内容。在他看来，"廉、仁、公、勤四者，乃为政之本领"，如果治理主体没有这"四事"的规范与建设，地方治理根本无从谈起。

为官第一大事是"律己以廉"。真德秀说："凡名士大夫者，万分廉洁止是小善，一点贪污便为大恶。不廉之吏如蒙不洁，虽有他美，莫能自赎。故以此为四事之首。"一个官员在廉洁方面必须洁白无瑕，不容有一丝污点，否则，即便他在其他方面非常优秀，其获得的评价也不会高。

其次是"抚民以仁"。真德秀认为："为政者，当体天地生万物之心与父母保赤子之心。有一毫之惨刻，非仁也；有一毫之忿疾，亦非仁也。"

再次是"存心以公"。真德秀认为："私意一萌，则是非易位。欲事之当，理不可得也。"

最后是"为事以勤"。他指出："当官者一日不勤，下必有受其弊者。古之圣贤，犹且日昃不食，坐以待旦，况其余乎？今之世有勤于吏事者，反以鄙俗目之，而诗酒游宴则谓之风流娴雅。此政之所以多疵，民之所以受害也，不可不戒。"官员一天不勤政，百姓的利益就一天受损害。古代圣贤即便日落西山时还在工作，甚至通宵达旦加班。南宋官场的风气与此相反，如果有人十分专注钻研日常公务，会被舆论嘲笑为"鄙俗"；而社会风气使得官员们崇尚饮酒作乐、诗文酬答、吟风弄月，认为这样才是风雅潇洒的士大夫生活。真德秀自己就是一位杰出的散文家和诗人，诗词歌赋成就极高，在同时代受到社会追捧，但他认为这种风雅爱好如果与居官行政相冲突，就必须暂时舍弃。他指出："况为命吏所受者，朝廷之爵位，所享者，下民之脂膏，一或不勤，则职业隳弛。岂不上辜朝寄，而下负民望乎！"官员们身负朝廷赐予的官位，享用的俸禄和各种待遇出自民脂民膏，勤政应该是最基本的职业素养。据上可知，真德秀以官德建设来规范治理主体，强调治理从"正己""修己"开始，其间的逻辑如《论语·宪问》所云，即"修己以安百姓"。这不仅是真德秀，更是儒家一贯的共同认识。

重民、爱民、养民、惠民等民本观念，是儒家共同认同的基本观念。这种民本观念贯穿真德秀《西山政训》的始终。他明确指出："其位愈高，系民之休戚者愈大。"官员的位置越高，其对民众的责任越大。所以真德秀希望同僚们能够对民众"各以哀矜恻怛为心，而以残忍掊克为戒"。这样，民众必受其福。"居官临民而逆天理、违国法，于心安乎！雷霆鬼神之诛，金科玉条之禁，其可忽乎！"因而，真德秀十分重视与平民百姓的交流。他自述行迹说："当职入境以来，延访父老，交印之后，引受民词，田野利病、县政否臧，颇闻其略。"无论是任职还是去职，如果离开父老百姓的反馈，治理效果如何是无法确知的。民众的反馈是治理效果的最直接指标。

此外，真德秀强调为政要避免"十害（十项弊政）"，分别是"断狱不公、听讼不审、淹延囚系、惨酷用刑、泛滥追呼、招引告讦、重叠催税、科罚取财、纵吏下乡、低价买物"，它们无一不是对普通民众的残害与折磨，是应该尽量避免的。

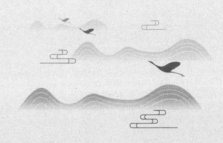

人物篇

一、公忠体国

1. 范仲淹

范仲淹，字希文，苏州吴县（今江苏省苏州市吴中区）人。北宋早期著名的思想家、政治家、改革家、文学家。他所作的《岳阳楼记》广为传诵，倡导以天下为己任的忧患意识与责任担当，其中的"先天下之忧而忧，后天下之乐而乐"更是成为千古名言，深刻影响着中华传统文化的精神基因和道德境界。

《岳阳楼记》成于仁宗庆历六年（1046），是范仲淹在庆历新政失败后的作品，也是范仲淹晚年之作。如果说文中所表达的忧国忧民情怀仅仅是刚入仕途、未遇挫折时的意气风发之语，或许并不足以打动人，其之所以具备如此强烈的感染力，在于它是范仲淹自早年就确立并且践行终生的坚定信念。换言之，这是他在屡遭现实"毒打"后仍未曾改变的初心。根据宋史学者王瑞来的整理研究，忧国忧民的忧患意识，是范仲淹早年就已经树立的信念。仁宗天圣五年（1027），范仲淹步入仕途不久，只是大理寺丞这样的小官，于为母丁忧期间，他在强烈的忧患意识驱使之下，写就洋洋万言的《上执政书》，针对当时各个领域中的弊端，提出了自己的改革建议。在陈述上书

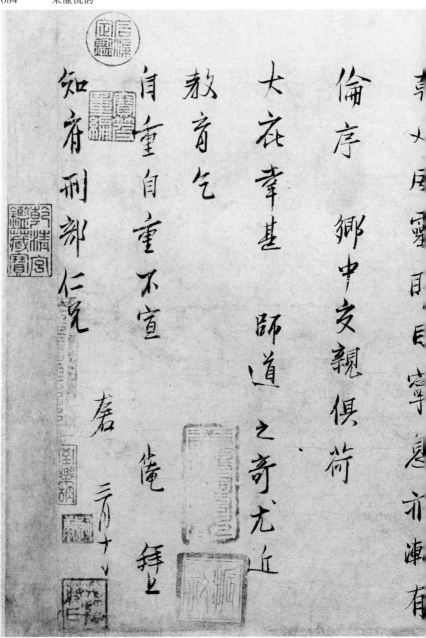

知府刑部仁皃

自重自重不宣

教育乞

大在葦基　師道之奇尤近

倫序　鄉中交親俱荷

庵　拜上

《边事帖》　〔宋〕范仲淹　（故宫博物院藏）

雋淹一再拜

知府刑部仁兄伏惟

起居尊福祉

鄉曲之惠占江山之勝

優哉樂乎此閒邊事風疫勞

理由时，他说："不敢以一心之戚，而忘天下之忧。"此后，在他平常的文书信件中，更是不时出现类似"忧国爱民，此其职也"的表达。因而，范仲淹亡故后，他的朋友欧阳修在《资政殿学士户部侍郎文正范公神道碑铭》中这样描画墓主的形象：

> 公少有大节，于富贵贫贱、毁誉欢戚，不一动其心，而慨然有志于天下，常自诵曰：士当先天下之忧而忧，后天下之乐而乐也。

一个对国家、对人民毫无责任感的人，不可能执着于国家安危、民生疾苦而不计个人悲欢。范仲淹终生秉持这一高尚的道德情操，引发当时士大夫群体的强烈共鸣，使之最终成为两宋士大夫的主流意识与精神指引。

在皇权体制下，范仲淹同样强调"忠君"，《岳阳楼记》中也有"处江湖之远，则忧其君"的忠君言论。然而，值得注意的是，范仲淹所说的"忠君"，不是愚忠，而是将对君主个人的效忠，转化为对天下人的尽忠，即关切国家安危、百姓福祉，是真正的"大忠"。用范仲淹自己评价寇准的话来说，就是"左右天子"为"大忠"：

> 寇莱公当国，真宗有澶渊之幸，而能左右天子，如山不动，却戎狄，保宗社，天下谓之大忠。

按史实论，宋真宗亲征几乎可以说是受寇准"胁迫"。范仲淹对这样的举措予以高度褒扬，表明他的"忧国忧民"意识和"大忠"理念，恰恰肇基于"以天下为己任"的主人翁精神。实际上，正因具备"天下为公"这样的正义原则，而不是对皇权唯唯诺诺，以范仲淹为先驱的两宋士大夫群体，才能够塑造出皇帝与士大夫共治天下的高度政治文明。虽然这一士大夫政治模式不能完全等同于近现代西方的"虚君共和"理念，但就中华文明的独特行进路径而论，亦不可谓低人一等。

在范仲淹看来，既然"左右天子"为"大忠"，那么以谏言纠正君主的不当言行，对君主进行监督规劝，以补正君道的方式实现"忠君"目的，就是必然的结论了。基于这一认识，他提出："儒者报国，以言为先。"为此，他不惜以自身仕途为代价，在关乎国家社稷的问题上坚守立场、据理力争，因此而"三起三落"，屡谏屡贬，正如其自况，"可负万乘主，甘为三黜人"。范仲淹第一次被贬是在仁宗天圣七年（1029）。当时，宋仁宗带领百官上殿为刘太后祝寿且行之以臣礼，范仲淹认为这混淆了国法与家礼，不利于统治。为此，他上疏太后，要求还政于皇帝，没有获得任何回应，最终被放逐（表面上是他自己请求外放）。第二次被贬是在仁宗明道二年（1033）。当时，刘太后死去，宋仁宗召回范仲淹担任右司谏。郭皇后为刘太后所立，并非仁宗属意，因其某次与仁宗宠姬发生口角而误伤皇帝（误打皇帝后颈），仁宗起意以此为借口而废后。宰相吕夷简（979—1044）则出于私心予以赞同，不久，仁宗即发布废后诏书。以范仲淹为首的台谏官员在此期间多次进谏，或无回应，或奏疏被拒绝受理，最终爆发与吕夷简的大辩论，进而要求与仁宗面谈交涉。吕夷简理屈词穷，仁宗避而不谈，百官抗议一触即发（时称"骇动中外"）。在这一情形下，吕夷简依仗皇权，直接动用丞相权力，派遣使者即刻将范仲淹等台谏官员押出城外，贬至地方，以强硬方式终止了这场抗争。第三次被贬是在仁宗景祐三年（1036），范仲淹被召回中枢一年后，认为宰相吕夷简任用官员不公，因而呈上《百官图》予以指责。在激烈的冲突下，范仲淹再次被吕夷简以强硬手段贬谪出京。

屡次遭贬谪，并没有让范仲淹丧失信心，在地方任上，他继续践行政治理想，致力造福一方。在苏州、杭州、饶州（今江西省鄱阳县）等地，他兴修水利、赈灾救民、兴办教育。在睦州（今浙江省建德市），他更是着力宣扬富春江畔的先贤严子陵（前39—后41）的事迹，写下千古名篇《严先生祠堂记》，盛赞汉光武帝刘秀（前5—后57）与严光（字子陵）相互成就的佳话，阐发严子陵"使贪夫廉，懦夫立"的高洁品格，在当时和后世激起强烈反响。

可以说，《岳阳楼记》是范仲淹精神的缩影，凝聚了他一生坚守的忧国忧民情怀与廉洁公正品质，无论高居"庙堂"，还是身处"江湖"，他都不曾有所动摇。如此，范仲淹深刻影响了两宋的时代风貌，成为两宋士大夫公认的精神领袖，于是王安石称他为"一世之师，由初迄终，名节无疵"，朱熹赞誉他为"天地间气，第一流人物"。

2. 岳飞

岳飞（1103—1142），字鹏举，相州汤阴（今河南省汤阴县）人。中国历史上名将辈出，而岳飞之所以能够岿然卓立其中，成为家喻户晓的著名将领和军人典范，不仅仅是因为他能征善战，更在于他身具尽忠报国的宝贵人格和廉洁刚直的正派作风。

金兵大举南侵之际，国家陷入危难，百姓饱受战火之苦。虽然朝廷不乏李纲（1083—1140）、宗泽（1060—1128）等主战派大臣，但在最高权力中枢，以宋高宗为首的求和派为求苟安而百般阻挠主战派的作战部署；在前线，则不时出现文官武将临阵脱逃乃至投降叛变的情况。相较于当权者的腐败怯懦，许多逃出敌营、劫后余生的士大夫和饱受铁蹄蹂躏的百姓，置生死于度外，自发地组织抗金义军，依山结寨地抵抗金军的节节进攻，期望能够保家卫国——他们孤立无援，渴求朝廷的组织和指挥，不断发出求援的呼号，然而赵构等当权者却对此视若无睹、置若罔闻。

国土渐丧、民心尽失，正是在这一险恶局势下，平民出身的岳飞奋起投军，担负起天下的兴亡，不顾当权者猜忌，不顾恶意者中伤，始终坚定不移地收拢义军、主动进击，和其他主战将领渐次稳定了江淮战线，为南宋朝廷赢得了喘息之机。

北宋末年，早在赵构即位为皇帝之前，岳飞就已经是康王赵构大元帅府下的低级军官。照理说，这一"嫡系"身份，即使不能保证岳飞平步青云，至少也不会让他轻易陷入险境。然而岳飞一直都秉持坚定的主战立场，迫切想要实现保国安民的追求，因而不免与上位者发生冲突，直至引来杀身之祸。

　　高宗建炎元年（1127），仅仅是武翼郎（从七品军官）的岳飞不顾自己身份低微，向赵构上书，痛斥当时的求和苟安风气，请求皇帝"车驾还京"，带领军民北上恢复中原。这样一番谏言不仅未能劝服高宗，反而换来"小臣越职，非所宜言"的批评，致使岳飞被革除职务，逐出军营。即便受到这样的打压，岳飞仍然毫不气馁，他辗转投附张所（？—1127）、宗泽等主战领袖，在战局日益恶化的敌后战场孤军奋战，连战连捷，屡立军功，改变战局，最终令朝廷不得不予以认可。

　　岳飞之死的细节，历来众说纷纭，但有一点应无疑义，即根本原因在于岳飞毫不犹豫地坚持抗击金军、收复失地的立场，与高宗苟安为帝的意图严重冲突。高宗绍兴九年（1139），主掌长江中游防务的岳飞，已是方面大员，面对高宗粉饰太平的说辞和赏赉，他依旧"不识时务"地在《谢讲和赦表》上执拗表示对宋金所谓和约的否定：

　　　　臣幸遇明时，获观盛事。身居将阃，功无补于涓埃；口诵诏书，面有惭于军旅。尚作聪明而过虑，徒怀犹豫而致疑：谓无事而请和者谋，恐卑辞而益币者进。
　　　　臣愿定谋于全胜，期收地于两河。唾手燕云，终欲复仇而报国；誓心天地，当令稽颡以称藩！

　　"稽颡"即五体投地，在这道谢表中，岳飞表达了恢复河山、令侵略者低头的强烈意愿。宋史研究大家邓广铭先生在《岳飞传》

中指出：

> 这些话语所表述的一个中心思想，是对赵构、秦桧与金国的统治者所订立的所谓和约，非但根本不予承认，而且还要依照岳飞的夙愿，率师北进，去收复河北、河东和燕云诸州；非但不能把赵宋王朝降格为金的附属国，而且还要把金国打败，逼令它作为赵宋王朝的附庸国。只可说，这是对于由赵构、秦桧合力造成的一股屈膝降敌的恶浪逆潮，正在用力挽狂澜的伟大魄力予以救正，是强烈抗议，哪里是"奉表称贺"！

不同于时下有人对岳飞"情商低""不懂政治"的评价，在不少南宋士大夫眼中，他们恰恰认为岳飞"有见识"。尤其是在两宋"重文轻武"，武人普遍受到歧视的大环境下，岳飞能以武人身份获得朱熹等士大夫的高度赞誉，足见其深远的时代影响力与强大的人格感召力。实际上，岳飞不是"不懂政治"，而是他坚定的报国保民立场和奋勇拼杀的个性，使得他在怯懦腐败的投降氛围中显得格格不入，换言之，这实际上是"知其不可而为之"。在知晓内情者眼中，问题根源不在岳飞，而在于当权者气量、能力不足，无法做到知人善用。臣子身份的朱熹，都曾委婉地揭示过问题根源在于皇帝：

> 有才者又有些毛病，然亦上面人不能驾驭他。若撞着周世宗、赵太祖，那里怕！他驾驭起皆是名将。

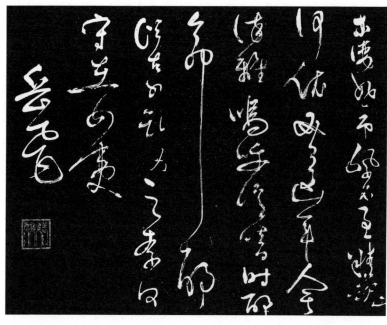

《吊古战场文》（局部）　〔宋〕岳飞　书　〔唐〕李华　文　（杭州岳王庙藏）

所谓"毛病"，是指岳飞不肯曲意妥协的刚强个性和正直品格，这在上位者眼中显得"骄横"。究其原因，是宋高宗达不到周世宗、宋太祖的高度，驾驭不了岳飞这样的名将。

在岳飞被杀的二十余年后，孝宗隆兴元年（1163），宰相史浩（1106—1194）在和张浚（1097—1164）争论是否应该北伐时，对北方矢志抗金、回归宋廷的豪杰不以为然，提出"中原决无豪杰"的论断，理由是，"若有之，何不起而亡金"。于是，在陆游心目中仍然期待王师北伐的故土遗民，成了史浩不屑一顾的"归正人"。史浩看不见靖康之难中奋起抗金的北地官民，看不见追随岳飞的义军，看不见后来驰骋疆场以报国的辛弃疾（1140—1207），他抹除了赵构自私怯懦的罪责，将过错尽数推到了"泪尽胡尘里"的遗民身上，遮掩了冤杀岳飞的根本原因和重大危害。

在理解岳飞卓然独立的正直人格后，才可进一步理解他为何能够打造出令金兵备感棘手的岳家军。岳家军战斗力强，除了有训练有素、指挥得当的原因，更关键在于这支军队纪律严明，以报国保民为信念，超越了历史上常见的兵匪难分的官军或军阀部队。《宋史·岳飞传》记录了"冻死不拆屋，饿死不卤（掳）掠"的岳家军军号；记录了岳飞亲自照顾病卒、抚育袍泽遗孤的行为；记录了岳飞从不克扣军饷，甚至以个人资财贴补公用的事迹。这一行事作风，在烽烟四起、兵匪难分的两宋之交，可以说是凤毛麟角。与岳飞并列"中兴四将"的张俊（1086—1154）、刘光世（1089—1142）等人，他们统帅的军队是另一番做派：

籍溪（按：指"籍溪先生"胡宪，朱熹的老师）尝云，
建炎间，勤王之师，所过州县，如入无人之境，恣行擒掠，
公私苦之。

对于岳家军的军纪和岳飞的威望，邓广铭先生这样总结：

在赵构奖励岳飞的许多诏令当中，几乎每一次都
称赞他的治军有法和纪律严明，例如夸奖他"师行而
耕者不变"（部队经过田边，种田人毫不紧张），"涉
千里之途而樵苏无犯"（行军千里，连樵夫、割草人
都不会受到打扰），等等。对别的将帅虽也颁发过很
多奖励诏令，却很少用这样的词句，唯独对岳飞的诏
令才使用，这正好证明，岳家军的纪律必非同时诸将
部队之所能及。而也正是这一缘由，才使得岳家军到
处受到广大人民的欢迎、爱戴与合作。

或许正是岳飞和岳家军如此震撼人心的威望与感召力，触
动了统治者的敏感神经，令赵构担忧自己会大权旁落，而无暇
顾及岳飞、岳家军是国之干城的事实。这种多疑症导致了"自
毁长城"的后果，其贻害是隐秘而久远的，它导致后来者不敢
进取，提醒满朝文武时刻注意保持低调，甚至在必要时还需要"自
污以证清白"，最终助长了不良风气——官德官风反而在考验"大
节"的关键时刻成为"负资产"。

到了南宋末年，吕文德（？—1269）作为抵御蒙古的中流

砥柱，却以贪污腐败、诏事权相而为人所不齿，他"宝货充栋，宇产遍江淮"，最终因为利欲熏心而为襄樊陷落埋下隐患，他因嫉贤妒能而迫害其他将领，逼反干将刘整（1213—1275），对南宋灭亡负有不可推脱的责任。这与岳飞廉洁刚正的品格、凝聚人心的感召力和力挽狂澜的功绩形成了强烈反差，由此而愈发可见岳飞的难能可贵。

可以说，岳飞以其报国保民、廉洁刚正的品质，超越了文臣与武将的藩篱，超越了他所身属的南宋朝廷，甚至超越了他所处的帝制时代，成为中国后世的人格楷模，绽放出恒久的光辉。他虽然没能最终实现"收拾旧山河"的凤愿，但却始终屹立于史册，凝聚着人心。

3. 真德秀

真德秀是南宋中后期重要的理学家、深孚众望的名臣。如本书"教育篇"中所介绍的，后人从他的著作中摘录出《西山政训》，真实直观地展示了南宋理学士大夫的廉政思想。真德秀在南宋中后期的政治法律领域堪称国之柱石，尤其是在权相专擅、国是日非的环境下，真德秀以其醇厚素养与廉正品格，勠力朝堂、造福地方，团结起一批清廉的士大夫官员，竭尽所能地对吏治民生进行改善。这些努力树立了"天理–国法–人情"结构的传统法治理念，为中华优秀传统法律文化的存续和发展做出了宝贵贡献。

真德秀的影响遍及思想学术、政治、法律各领域，就廉政角度看，有两方面特别值得注意。第一，在权相专擅的高压政治环境下，真德秀立朝刚正，坚持公平正义的立场，始终与擅权者针锋相对。尤其在关乎皇位归属的"霅川事变"中，真德秀公开为蒙冤被杀的济王赵竑（？—1225）鸣冤，矛头直指史弥远（1164—1233）擅行废立、宋理宗（1205—1264）得位不正的事实。这虽然不能从根本上扭转朝局，但是确实能够对肆无忌惮的强权构成一定程度的制约，维系当时的世道人心，以至于这些廉正刚直的事迹在后世还被反复提起，起到提振人心的作用。第二，真德秀因为不肯与权相合作，在中枢任职时间并不久，而且长时间处于罢职状态，其仕官生涯主要集中在地方，这使得他在治理地方，尤其是在公正司法、澄清吏治、纾解民困等方面，做出了许多贡献，并引领了当时一批地方官员的廉政、仁政风潮。这一风潮集中体现于书判汇编《名公书判清明集》，为后世有志于改进司法、改善吏治的士大夫官员提供了经验借鉴和理念支撑。

除了刚步入仕途那几年和逝世前那一年，真德秀一生绝大多数时间都处于史弥远专权的朝局环境下，面对权相，他不曾妥协，为此而甘愿离开中枢到地方任职，造福百姓。史弥远执掌朝政二十六年，权柄达到可以废皇储、立皇帝的程度，只有以真德秀、魏了翁为首的一批理学士大夫敢与之抗争。实际上，在史弥远主导与金朝签订和约并升任宰相的宁宗嘉定元年（1208），真德秀就已经向皇帝进言，明确地表示和约并不可靠，应当以加强军备、改善民生为当务之急，这本质上就是对史弥远投降行径的否定，公开展露与新贵不合作的态度。出于对舆论的忌惮，同时也为了营造自身"举贤荐能"的形象，史弥远在此后数年开始任用一批声名显著的理学士大夫，并为饱受迫害、已经亡故的理学家朱熹等人平反，对他们进行表彰。其间，史弥远不乏对真德秀主动示好、拉拢的举措，真德秀都予以拒绝，并在宁宗嘉定七年（1214）公开表示：

　　吾徒须急引去，使庙堂知世有不肯为从官者。

　　真德秀不愿意留在朝廷充当史弥远营造"政治清明"假象的道具，于是，他开启了他在江东（即江南东路，包含江苏、安徽的长江以南地区，江西的东北部地区）、江西、湖南等地的地方官生涯。

　　宁宗嘉定十七年（1224），宋宁宗（1168—1224）病重，不能理事，史弥远矫诏立赵贵诚为皇子，改名为赵昀。此前，合法的宋宁宗皇子只有赵竑一个，赵竑在法理上是唯一继承者，只因他曾私下表示过对史弥远的不满，遭到史弥远忌惮。当年，宋宁宗病死，史弥远取得杨皇后支持，立赵昀为帝（即宋理宗），赵竑被封济王，移居湖州。史弥远擅行废立引起朝野极大愤慨，在朝中诸多官员惊疑踟蹰的情况下，次年，即理宗宝庆元年（1225），湖州潘氏兄弟纠集太湖渔民，以半强迫的方式挟持了赵竑，希望以黄袍加身的方式拥立济王赵竑。心态矛盾的济王赵竑几经反复，或因惮于史弥远权势，最终在史弥远做出反应之前自行联络地方官军平息了这起事件。事件平息后，史弥远迅速遭门客逼迫赵竑自缢，对外谎称病死，将其追贬为巴陵郡公，又降为县公，史称"霅川事变"。此时，真德秀正在回临安述职转任的路上，半途遇到史弥远派来的特使，被警告回朝后不得发表意见。真德秀不为所动，回到临安后即决然上疏为济王鸣冤，且援引宋太宗时秦王赵廷美（947—984）谋反后受到宽宥的本朝先例，指责朝廷对"霅川事变"的处理违背了祖宗家法，破坏了兄弟伦常，要求为济王平反，并为其立嗣。实际上，自史弥远起意拥立新帝时，济王赵竑已处于必死之地，宋理宗因史弥远而登上帝位，也不可能在这一问题上否定史弥远的处断。真德秀并非不知其中的利害关系，但他仍然决意为不可能翻身的济王鸣冤，显然是因为他更在乎公义与规则，哪怕"以卵击石"。在史弥远授意下，早已被控制的台谏党羽群起弹劾为济王鸣冤的真德秀、魏了翁等人，罢免了真德秀的官职。五六年后，随着史弥远的淡出、病死，真德秀才逐渐得到起复，然而他在回到中枢任职一年后，便溘然长逝。

真德秀以其廉洁刚正的品质，在权相专擅的环境下为南宋政权注入了一针"强心剂"，鼓舞了当时一批清正廉洁的士大夫官员，培养奖掖了刘克庄（1187—1269）、洪咨夔（1176—1236）、宋慈（1186—1249）等为民请命的直臣循吏，对国运起到了一定维系作用。直到明末，以揭露伪道学著称的李贽（1527—1602），在《史纲评要》中论及南宋这段历史时，就以"真"字评价真德秀的一生，可谓不吝赞美——须知，李贽曾振聋发聩地发出过道学是"假人言假言""事假事""文假文""满场是假"的尖锐批判。可见，无论在什么时代，货真价实的清官廉吏，总是能够激励仁人志士。

二、兴利除弊

1. 苏轼

苏轼（1037—1101），字子瞻，号铁冠道人、东坡居士，眉州眉山（今四川省眉山市）人。他是中国历史上公认的天才式的多面手，诗词书画无不可谓蔚然大宗，正因他的才华过于耀眼，以至于他身上的"正气"被"才气"遮蔽，"廉吏"属性被"才子"身份掩盖。

苏东坡嬉笑怒骂的面容下，掩藏着兴利除弊的济世之心，这在他少年时就已初露端倪。《宋史·苏轼传》开篇就描绘了这样一个少年苏轼的形象：

> （苏轼）生十年，父洵游学四方，母程氏亲授以书，闻古今成败，辄能语其要。程氏读东汉《范滂传》，慨然太息，轼请曰："轼若为滂，母许之否乎？"程氏曰："汝能为滂，吾顾不能为滂母耶？"

可见苏轼的济世之才，一方面是因为天赋异禀，另一方面则源于优良家风。苏轼在初识文字时，就已经立志要做范滂（137—169）这样"澄清天下"的廉吏净臣。范滂何许人也？《后汉书·范滂传》载，范滂"少厉清节，为州里所服"，"登车揽辔，慨然有澄清天下之志"。范滂一生短暂，早亡于三十三

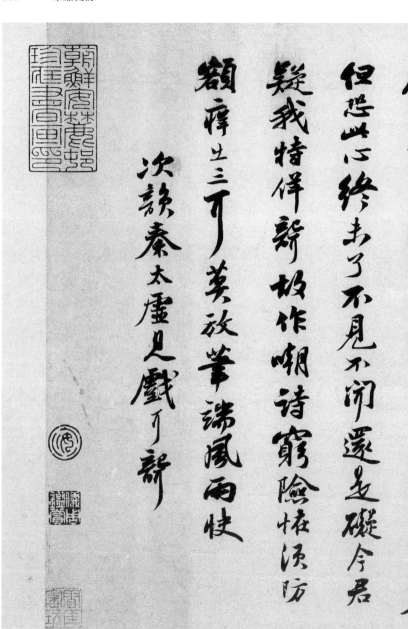

《次韵秦太虚见戏耳聋诗帖》　〔宋〕苏轼　（台北"故宫博物院"藏）

君不見詩人借車無可載留得一錢

何至賴晚年更似杜陵翁右臂雖存

耳先贖人將蟻動作牛鬥我覺風

雷真一噫閒塵掃盡根性空不須更枕

清流派大朴初散尖混沌六鑿相攘更

書袠長充軋鑿雨窗風几案不辜寺

岁，但是他在任职期间，始终与贪官污吏势不两立，大力整顿贪腐，令权贵忌惮。为此，他与权宦发生冲突，最终随李膺（110—169）等人罹受"党锢之祸"的迫害。苏轼被范滂"虽千万人吾往矣"的正义豪迈气魄所感染，立志要成为同样的人。

《宋史·苏轼传》开篇的这段文字，其实来源于苏辙（1039—1112）为其兄所作的《东坡先生墓志铭》，《宋史》修纂者特意以之开宗明义。之所以如此，是因为在《宋史》修纂者眼中，苏轼首先是一个正气凛然的能臣廉吏，其次才是一个才华盖世的文豪，故而，在《苏轼传》的史评部分，修纂者专门强调："（苏轼）器识之闳伟，议论之卓荦，文章之雄隽，政事之精明，四者皆能以特立之志为之主，而以迈往之气辅之。"意即苏东坡志气高洁豪迈，其才华皆以此为根基。为了强调苏东坡德才兼备（确切地说是"以德为先"）和矢志不渝的高尚品质，《宋史·苏轼传》在史论部分开头就讲述了另一则苏东坡效仿当世贤哲的立志往事：

> 苏轼自为童子时，士有传石介《庆历圣德诗》至蜀中者，轼历举诗中所言韩、富、杜、范诸贤以问其师。师怪而语之，则曰："正欲识是诸人耳。"盖已有颉颃当世贤哲之意。

少年苏东坡因为读了石介（1005—1045，"宋初三先生"之一）的《庆历圣德诗》而神往不已，向老师提问了一连串人名，全是韩琦（1008—1075）、富弼（1004—1083）、杜衍（978—

1057）、范仲淹这样的当世名臣。这令老师感到奇怪，苏轼则表示，自己是想了解这些人的事迹。《宋史》修纂者不由惊叹，在别人还是懵懵懂懂的年纪，苏轼就已经立下了要与当世贤哲不相上下（即"颉颃"）的志向。

确实如《宋史》所刻画的那样，纵观苏东坡一生，他屡经波折而不改其志，从来不曾放任自流，从未抛弃"一肚子的不合时宜"。苏轼之所以为苏轼，就是因为他"节义足以固其有守"，"皆志与气所为也"。

无论是在地方，还是在中央，苏轼的行事议论皆以利国利民为指归，无愧其"澄清天下"、兴利除弊之志。虽然他一生坎坷，仕途并不顺畅，但这并没有阻碍他实现造福于民、裨益国政的追求，他因此留下了恒久流传的声誉，至今为各地人民所纪念。

无论苏轼是主政还是被贬谪，其所历地方，如杭州、密州（今山东省诸城市）、徐州、湖州，黄州（今湖北省黄冈市）、惠州、儋州，几乎都留下了他的事迹与传说，这些事迹之所以流传至今，就是因为他为官一任、造福一方。尤其杭州人，更是永久铭记苏轼疏浚西湖的德政。

在今天，西湖主要是作为风景名胜，然而在北宋，西湖却是杭州最主要的淡水来源，承载了水库的功能。换言之，苏轼疏浚西湖，就意味着保全了杭州。古代杭州湾海岸线不同于今日，北宋时，杭州城地下水尚未完全淡化，仍为苦咸海水而无法饮用。但西湖因其特殊的地质条件，早已完成水的淡化，承载着为杭州供水的功能，称之为"命脉"并不夸张。神宗熙宁四年（1071）

至熙宁七年（1074），苏轼任杭州通判，任职期间曾协助知州陈襄修复六井、沈公井等供水系统，为掌握当地水情资料积累了相当经验。到了哲宗元祐四年（1089），苏轼再次来到杭州担任知州，发现短短十余年间，西湖"水浅葑横，如云翳空，倏忽便满"，沼泽化趋势极其严峻，面临彻底干涸的危险。为此，苏轼与属官、当地百姓反复研究，并深入实地勘察，于哲宗元祐五年（1090）四月二十九日呈报《杭州乞度牒开西湖状》，向朝廷请求财政支持，并于五日后呈报《申三省起请开湖六条状》，提出全面疏浚、开发西湖的具体方案。苏轼在申状中指出，对于杭州而言，西湖在放生、民饮、灌溉、助航、酿酒五方面具有重要意义，尤其是在淡水供应上，西湖更是起到了关乎居民聚散、城市存亡的关键性作用，不能放任其壅塞衰败。获得朝廷许可后，苏轼随即启动系统的西湖治理工程，开挖淤泥、沟通水系、修缮供水通道、设置堰坝调蓄水量。时值大旱，苏轼采取以工代赈的措施，兼顾了赈灾和疏浚事务。自夏至秋，共花二十万余工，开掘葑田（淤泥）二十五万余丈，这次规模空前的西湖治理工程全面完工后，西湖容量增加，供水系统得到完善，杭州的"命脉"得到了保障。作为风景名胜的西湖，是苏轼保全"命脉"西湖的副产品，百姓命名为"苏堤"的堤坝，即由当时湖中淤泥筑垒而成。《宋史·苏轼传》说苏轼有德于民，于是杭州百姓"家有画像，饮食必祝"，当不是夸张之语。

苏轼在任地方官时广施善政，而在中央，他则以无偏无党、真诚务实的态度，坚持利国利民的立场。一般认为，苏轼属于反对变法的一派，尤其是在变法早期，苏轼坚决反对激进的变法措施。但在变法危害显现，王安石受到罢黜、司马光重新执政后，苏轼又对司马光尽废新法的意气之举表示异议，因此而持续遭受守旧派其他官员的弹劾。直到宋哲宗（1077—1100）亲政，章惇（1035—1105）等所谓"变法派"重新上台，苏轼又因反对激进变法的立场而受到迫害。正如《宋史》修纂者所慨叹赞许的那样："假令轼以是而易其所为，尚得为轼哉？"苏轼之所以为苏轼，是因为他从不肯为了保全自身而轻易妥协，如果为个人利害而抛弃"澄清天下"的追求，苏轼也就不再是苏轼了。

2. 朱熹

朱熹，字元晦，一字仲晦，号晦庵，又号紫阳，世称"晦庵先生""朱文公"。祖籍徽州婺源（今江西省婺源县），出生于南剑州尤溪（今福建省尤溪县）。他是两宋儒学的集大成者，是南宋重要的思想家、哲学家、教育家、政治家和诗人。

就大众视野论，如果说"文豪"苏轼的光芒遮蔽了"廉吏"苏轼，那么"理学家"朱熹的标签同样遮盖了"能臣"朱熹。确切地说，朱熹的情况其实更为复杂。朱熹深究义理，并以此为宗旨而立身处世，一方面提振了世道人心，因而广受尊崇，另一方面又激起不同立场、不同政见者的强烈敌意乃至恶意（其中以当权派为甚）。他在世时，就不断遭受捕风捉影的诋毁，在朝廷公议与士林舆论场合时常面临"绘声绘色"的污名指摘——最终衍化为全面迫害的庆元党禁。其实，这一情况在宋代并不罕见，比如范仲淹、欧阳修遭受吕夷简一派"朋党"

《自书五言古诗》（局部）　〔宋〕朱熹　（台北"故宫博物院"藏）

窺樽記餘

憑倚閣中

陳鍾主人

意未闌驪

駒勿悤々

罪名的指摘，苏轼遭受蔡京等所谓"新党"的诋毁，它们全都以道德污名化的方式进行。然而，出于矫饰和维护统治的目的，朱熹的学说后来被统治者定为官学，并被持续叠加以不容置疑的真理光环，这反而激发了后世的逆反心理，不少有正义感的学人受到偏颇情绪的影响，不能客观公正地予以考察、评判，最终误导了大众认知。这样一种复杂的情形，在朱熹弹劾唐仲友（1136—1188）一案上显得尤为明显。

实际上，朱熹弹劾唐仲友，根本目的在于澄清地方吏治、推进赈灾事务。孝宗淳熙八年（1181），朱熹任提举浙东常平茶盐公事，负责管理两浙东路（包括今绍兴、金华、衢州、宁波、台州、丽水、温州等地）的粮食、仓储、田土、水利、茶盐等事务。年底，浙东发生旱灾而导致饥荒，陆游等人传书向朱熹反映情况，期盼赈灾。朱熹当即向朝廷奏报，开始了浙东巡察、督促赈灾的工作。第二年正月，他经绍兴府、婺州（今浙江省金华市）、衢州，查处绍兴府指使密克勤（生卒年不详）侵吞救济米案，弹劾衢州知州李峄（生卒年不详）不修荒政，弹劾衢州监酒库张大声、龙游县丞孙孜检放（查验受灾情况）不实，引起浙东官场一片风声鹤唳。其间，鉴于浙东许多官员无心赈灾，反而持续向灾民催税的情况，朱熹不断向朝廷呈报相关救灾事宜，并请求减免、延缓灾区赋税。六月，他致信宰相王淮（1126—1189），痛斥朝廷腐败，漠视民瘼。七月，旱情持续恶化，蝗灾爆发，朱熹再次向朝廷讨要救济物资，并开始第二次巡察。他来到台州，调查发现知州唐仲友诸多不法行为，开始弹劾。

随着调查的深入，朱熹从七月十九日到九月四日，一共向朝廷呈报六次奏状，证据愈发翔实，措辞愈加激烈。在调查中，朱熹发现，唐仲友的不法行为包括贪污淫虐、催税扰民、偷盗官钱、伪造官会（货币）、结党作恶。然而当朝宰相王淮是唐仲友的同乡兼姻亲（唐仲友的弟媳是王淮的妹妹），截留了朱熹的奏状并对唐仲友予以袒护，导致朱熹的弹劾一直没有得到回应。直到朱熹在奏状中以辞职表示抗议，王淮才无法隐瞒，只能向孝宗提交朱熹证据最为薄弱的第一封奏状和唐仲友的自辩状，并且以"秀才争闲气"的说辞淡化问题的严重性，将朱熹反腐、赈灾的公心偷换为逞个人意气的私怨。在王淮等当权者的一系列"技术性操作"下，此事最终以唐仲友被免职、朱熹愤然辞官告终。

公道自在人心，朱熹一番雷厉风行的反腐行为，获得了当时有识之士的支持和赞许。陆九渊（1139—1193）在和友人的通信中说：

> 朱元晦在浙东，大节殊伟，劾唐与正（即唐仲友）一事，尤快众人之心。百姓甚惜其去，虽士大夫议论中间不免纷纭，今其是非已渐明白。

如果说真的存在"秀才争闲气"的情况，和朱熹哲学观点针锋相对、学问造诣旗鼓相当的心学宗师陆九渊才是最有可能的人，然而他却被朱熹的魄力所折服，称赞朱熹人格高尚（"大节殊伟"）。又如，因为陈亮和朱熹交情深厚，唐家曾经托陈亮向朱熹游说（唐仲友和陈亮也有同乡、姻亲的关系），陈亮则表示自己不会干预朱熹的决断，因此遭到唐家记恨，并被人编排为与唐仲友争风吃醋而落井下石。

朱熹弹劾唐仲友案是一起典型的反腐案件，但却因朱熹特殊的历史地位和种种不足为外人道的原因，成为后世众说纷纭的公案，淡化了其原本彰显的廉政追求和民本理念。

值得注意的是，正是在朱熹担任浙东提举期间，他所创立的"社仓法"受到朝廷认可，开始在全国推广。朱熹的"社仓法"在官府赈济之外，增加了民间互助救济的途径，在农业生产、灾荒救济领域开创了重要的基层社会治理模式。概略言之：社仓的运营方式为借谷还谷，平年青黄不接时利息为两成，小灾时利息减半，大灾时利息全免；其管理主体为乡里选出的品行端正人士，官府负责监督，即官督民办。这种方法减少了官府的行政干预，有效降低了不法官吏上下其手的机会，能够在灾荒发生时提供更加迅速的救济。当然，这一设计虽然广受称道，但因其严重影响了不法官吏、高利贷者的利益，加之监督问题同样难以解决，长久施行之下，难免面临变质、失灵的困局。

在今天，无论是否能够体悟"老夫子"朱熹的道德文章，也无论是否完全认同他所讲的道理，我们对于他兴利除弊、关心民瘼的理念与实践，应当以客观公平的态度进行审视、思考，从中汲取有价值的经验。

3. 韩屏

杭州城内有不少与名人相关的道路、名胜，这些名人往往具有一个共同点，那就是"重量级"。无论是杭城重要的缔造者吴越王钱镠（852—932），还是白居易（772—846）、苏轼、岳飞、于谦（1398—1457）这类家喻户晓的名臣良将，以及相对小众但同样彪炳史册的李泌（722—789）、张煌言（1620—1664），都是我们放眼中国历史时无法回避的大人物。然而，不为《宋史》所载的一介厢官韩屏（生卒年不详），却能不为历史长河所湮灭，至今以美政桥为载体，长存于杭州大众的认知之中。

美政桥是否确实因韩屏得名，仍需进一步考证确认，但有一点可以肯定的是，直到清代中叶，杭州本地的百姓和士人，仍然以美政为名，纪念韩屏。大致活跃于乾隆时期的杭州仁和县士人翟灏（1712—1788）、翟瀚（生卒年不详）兄弟在《湖山便览》卷十一"美政桥"条目下，辑录《临安志》和其他相关史料，叙述了临安城南左厢的建置由来和韩屏的主政事迹，将美政桥的得名与韩屏联系到一起：

> 《临安志》云："在城南厢前，其东北为马仓巷，西南为洋泮桥。绍兴十一年（1141），临安守俞俟奏府城之外，南北相距三十里，人烟繁盛，各比一邑，乞置城南北左右厢，差亲民京朝官主管本厢公事。从之。"其城南左厢公事所置于此，时有乐平韩屏任左厢官，以严明称。临安剽民财者，曰白擎子，闻韩至，皆匿迹。谣曰："韩厢明，无白擎；韩厢死，白擎起。"或云桥名美政由此。

　　韩屏，从其高宗绍兴二年（1132）中进士的经历来看，只能确定他大致生活于两宋之际，其主要活跃时间为宋高宗时期。《宋史》无传，记录其生平梗概相对详尽的史料，主要来源于元代文学家杨维桢（1296—1370）所作的《元故用轩先生墓志铭》。这篇墓志铭本来是为韩屏五世孙韩思恭（生卒年不详）而作，但在文中有回溯先祖的内容，因而概述了韩屏生平。杨维桢记述韩屏的内容，与《湖山便览》中的记录基本没有出入，只是其中没有提到美政桥，同时多出了两条信息。其一，韩屏在考中进士之前，曾经中过武举。可能因为两宋重文轻武，武人身份普遍遭人歧视，因此韩屏在中武举之后感到后悔，重新入太学深造，尔后考中进士（"寻自耻悔，再游太学，登文第"）。其二，韩屏在升任城南左厢官前，曾任"临安令"。

　　值得深究的是，韩屏一介厢官，却令临安城南不法分子忌惮，使当地百姓作民谣来表达感激之情，绝非易事。临安名为"行在"，实为京师，而京师向来难治——宗室、权贵云集，关系网络错综复杂，能够横行于当地的黑恶势力，往往都有强硬的后台。尤其是城南左厢（需要注意的是，临安城南只有"城南左厢"，正如城北只有"城北右厢"，从来不存在"城南右厢""城北左厢"），在南宋即以形势复杂著称。在魏叔介（1140？—1177？，稍晚于韩屏担任城南左厢官）的相关传记资料中，就曾揭开临安府城南左厢的冰山一角：

　　（魏叔介）待次省罢，主管临安府城南左厢公事。

南厢最号剧，众谓君始仕为难……始富商讼牙侩乞取，

积其赃至数万缗，监系累年余，百家贫不能偿……有
炭贾以万斤入市，曰此某官所市也……巨舶载海物，
揭黄旗于上，每日进御而私售自若……试补吏胥，私
托一不受……

"南厢最号剧"，在南宋官场，临安府城南左厢情况最复杂、
治理难度极高，因此当魏叔介被任命为城南左厢官时，大家都
认为魏叔介很不幸，刚步入仕途就承担了最艰难的工作（"始
仕为难"）。果然，魏叔介任职后，即面临层出不穷的、与权
贵密切相关的恶性案件：有富商受到牙侩（牙侩即交易代理人、
中介人，在当时往往由胥吏或有势力的人兼任，尤其在临安，
牙侩绝非普通人所能充任）勒索，数额达到数万缗（贯），牙
侩仍不知足，将富商关入监牢多年进行持续敲诈（"监系累年
余"），以至于富商被吃干榨净，沦为贫民；有商贾以高官名
义贩卖万斤煤炭，拒不缴纳商税；更有甚者，直接以皇室名义
进行大宗私人买卖以逃避监管。不止如此，因为此地"油水"
十足，牵涉大量利益，城中有权势者不断试图向城南左厢安插
人手（"私托"）。魏叔介家族累世高官（其父魏良臣为参知
政事，祖父魏枢赠少傅，曾祖魏觉赠太子太傅，而且魏叔介的
夫人是北宋宰相曾公亮的后人，姻亲曾家亦累世为官，可见魏
家绝非普通人家），在面对这些复杂情况时尚且感到棘手，需
要莫大勇气予以抗争。

不难想见，家世普通，生平几乎湮没不闻的"寒士"韩屏，
在治理权势横行的城南左厢时，面临着何等压力，需要多大魄力。

因此，我们完全可以透过"严明"二字的评价，体会韩屏任职生涯中的惊心动魄与坚定信念，而简短朴素的民谣（"韩厢明，无白擎；韩厢死，白擎起"），又蕴含着多少临安百姓的血泪与感戴？

或许，正是因为韩屏刚正不阿，所以其仕途才戛然而止，其事迹亦消失于公侯将相林立的官修正史。幸运的是，"政声人去后，民意闲谈中"，有客居士人（杨维桢，号铁崖，曾长期居住在杭州，"铁冶岭""铁崖岭"因他得名）受他感召，令其依稀面貌得以留存于世；杭城人民更是以"美政"之名，铭记韩屏至今。

4. 郑兴裔

郑兴裔（1126—1199），字光锡，显肃皇后（宋徽宗郑皇后）外家三世孙，祖籍开封，靖康之难后随皇室、家族迁至临安。因其以武官身份建立功绩，尤其在司法领域做出过卓越贡献，死后被朝廷追封为太尉，所以旧时杭州百姓尊称他为"郑太尉"。

从籍贯上说，郑兴裔是流寓杭州的皇室贵戚、汴京豪族，并不是土生土长的杭州人，但杭州百姓并不见外，因其清正廉明、造福桑梓的品质而将他视作本地贤哲，与有荣焉。到今天，杭州上城区仍然留存麦庄庙、麦庙街、花园兜路等地名，其命名就来源于郑兴裔在世时所设立的郑氏义庄及其附属田宅。

清中叶杭州藏书家翟灏依据《咸淳临安志》"麦庄桥，郑家园后，麦庄庙前"的记载，在《艮山杂志》中考证得出，这三个地名来源于郑兴裔所设立的义庄：

> 按《宋史·外戚传》："郑兴裔早孤，叔父藻分
> 以余赀。兴裔因宗族之流寓江南者多未得所，请以赀
> 立义庄赡之。"此麦庄及郑家园，盖其遗迹。园在当
> 日颇大，杂艺桑麦果蔬，收其利，缮庄舍。盖藏以时，
> 给赡宗族之余，或亦惠及村里。庙祀之设，当即由兹。

此后，清末杭州藏书家丁丙（1832—1899）在《武林坊巷志》中进一步考证确认，艮山门外麦庄桥、郑家园、郑家坝、花园兜等地名皆与郑兴裔（"郑太尉"）的郑氏义庄有关。

郑兴裔少年丧父，由叔父抚育长大。一方面，缺少父亲照拂的成长经历让他早早体验了生活的艰辛，另一方面，叔父待之如子的无私精神又让他受到了保护弱者、睦亲友邻的善良品德熏陶，因此，在建立功业后，郑兴裔决定回馈宗族乡里。他将皇帝赐予的田土宅院和叔父赠予的丰厚资财投入慈善救济事业，修建屋舍以供居住，经营义田以产粮食果蔬，救助陷入困境的族人和乡民。为了纪念郑兴裔的无私义举，郑氏宗族与乡民修建麦庄庙予以祭祀。值得一提的是，前文曾提到朱熹创设"社仓法"，其因设计得当、功效显著而受朝廷颁令推广，其实这一推广的首倡正是出自郑兴裔。由此可见，郑兴裔的功绩并不仅仅限于杭州一地，他在地方治理、社会慈善实践中积累的丰富经验、形成的敏锐感知，有效促进了国家层面的社会治理和慈善救济制度建设。

　　在百姓心目中，"郑太尉"的主要形象是慈善家，因而百姓以命名的方式使他的事迹长久伫立在杭州土地上。实际上，郑兴裔在司法实践中创制的《检验格目》（又称《验尸格目》），在中国法律史上同样具有重要地位，其在规范尸体勘验、监督检验流程等方面，堪称基石。

　　今天，"生命至上"的理念已经深入人心，而中华传统文化同样将人的生命视为最宝贵的事物。基于这一价值立场，命案的调查审理工作，自始至终都在司法活动中占据最重要的位置，其成败得失，直接体现生命是否得到尊重、正义是否能够实现。郑兴裔依据扎实的司法实践经验，有针对性地设置实体性和程序性条目，对验尸工作进行明确的指引、规制，直接有效地改进了司法调查程序与官吏监督工作。

　　孝宗淳熙元年（1174），时任浙西提刑的郑兴裔鉴于当时州县官员玩忽职守、胥吏肆意枉法、受害者沉冤难雪的普遍现状，结合自身司法实践经验，对尸体检验进行了规范化、明确化、程序化的规定，创制了《检验格目》。他列出详细条目（包括死者家属信息、主责官员姓名、经手胥吏姓名、取证指令下达时间、尸体检验时间、衙署与尸体发现地之间的距离、尸体损伤细节、致死原因），统一印制、各立编号，要求经办人员一一填写并签字画押；并且，按照法律规定，尸体检验必须进行两次以上，各按照《初验尸格目》《覆验尸格目》的不同制式填写；最终，将这些条目汇总成册，各附办理期限、经办人员责任条款，制成一式三份，一份提交所属州县官府、一份呈递提刑司、一份交付死者家属。这一创制同年即被朝廷采纳，写入法典，颁行全国。郑兴裔《检验格目》具有划时代的意义。在《检验格目》问世之前，相关实体性质或程序性质的法规已经存在，但是并未受到足够重视。尸检程序或因未派官员检验而草草了之，或因验尸时间被拖延而导致尸体腐烂无法检验，或因主管官员放任胥吏任意操纵舞弊，导致取证随意而使冤假错案频发。《检验格目》以法律文书的形式将检验程式固定化，在相当程度上对庸官恶吏起到了监督、约束作用，成为后世验尸程序的基石。

七十三年后，理宗淳祐七年（1247），世界级法医学奠基著作《洗冤集录》问世。从《洗冤集录》卷首的条令汇编及正文的初检、复检内容，可以清晰看到《检验格目》的身影。

此后，元明清三代法律皆沿用了《检验格目》，使其成为历代不易之法，郑兴裔也随之长存于史册：

> 元、明至今，格式相因，惟小有更异，此法则自郑（兴裔）创始也。

三、抗言直谏

1. 包拯

包拯，字希仁，庐州合肥（今安徽省合肥市）人。他是妇孺皆知的"包青天"，又在戏文、小说中以"包龙图""包待制"闻名，是古代百姓心目中清官廉吏的代表、铁面无私的象征和公平正义的化身。"龙图阁直学士""天章阁待制"，原本是不具备实际职能、旨在标榜"文学高选"的清要殿阁职名（通俗点说，就是彰显格调的荣誉头衔），理应是远离百姓生活的抽象概念，然而，因包拯的存在，这两个官职名却成为后世普通人言谈中极其普遍并且毫无"违和感"的历史名词。就这个角度而言，百姓称呼"龙图""待制"时蕴含着至高无上的尊崇意味，竟然殊途同归地实现了荣誉表彰的初始目的。

包拯在仕途之初，就与众不同。他二十八岁登科，算得上是少年进士（"三十老明经，五十少进士"的说法自唐代起就广为流传），但因父母老迈，于是辞官回乡照料父母。父母去世，包拯在守丧期满后仍不愿离开。十年过去，直到三十八岁时，他才离开家乡，正式步入仕途。

包拯一生历职丰富，依次大致为天长（今安徽省天长市）知县、端州（今广东省肇庆市）知州、监察御史、三司户部判官、京东、陕西、河北转运使，三司户部副使、河北都转运使，瀛州（今河北省河间市）、扬州、庐州知州，江宁（今江苏省南京市）知府，权知开封府（北宋开封府除了极罕见的情况，通常不设正知府，"权知"开封府者实际上就是正式的开封府长官），谏议大夫，权御史中丞，权三司使、三司使，枢密副使。我们可以从这些履历中清晰看到，除了逝世前升任的枢密副使，包拯的官职主要集中于以下四类部门：州县长官（知州县）、路级监司（转运使）、财政官（三司）、监察官（监察御史、知谏院、谏议大夫、权御史中丞）。

后世民间戏曲小说，因受众为普通百姓，往往将包拯任台谏官、财政官员等专门领域职位时的事迹归拢到大众更为熟悉的地方司法、行政事务中，衍生出"龙头铡""虎头铡""狗头铡"的分类。实际上，宋代普通地方官并无权力直接处置皇家事务，"陈世美"即便真的存在，也不可能任由包拯以"龙头铡"处断了结。但"龙头铡"的想象并非完全虚构，它固然不存在，却在理念上映射出包拯在台谏官等任上弹劾权贵、秉公建言的事实。其中，最显著的事例就是弹劾外戚张尧佐（987—1058）。

张尧佐是张贵妃的伯父，因张贵妃受宋仁宗专宠而骤升高官，成为三司使（三司使号称"计相"，在北宋早期与宰相、枢密使分掌中央财、政、军大权，是副宰相级别的重臣）。舆论普遍认为张尧佐德不配位，包拯因此弹劾。面对宋仁宗对张尧佐的袒护，包拯不畏权势，不断弹劾，甚至在宋仁宗面前反复痛陈利害，语气激烈、情绪激动之下，将唾沫溅到宋仁宗脸上。最终，宋仁宗无奈妥协而免去对张尧佐的任命，并专门向张贵妃展示自己脸上的唾沫，描述包拯的厉害，抱怨张贵妃为伯父升官的要求。张尧佐在后世成为包公传说中"庞太师"的原型，但客观公允地说，张尧佐实际上并没有明显劣迹，也未达到"庞太师"只手遮天的程度。《宋史·张尧佐传》也承认，张尧佐"持身谨畏，颇通吏治，晓法律"，其被弹劾的根本原因，在于群臣遏制外戚势力的考量。但在帝制时代，能够以魏徵式的激烈劝谏对皇帝进行规劝甚至责问，就臣子论，包拯这样的谏诤程度确实相当罕见。

同时，包拯在监司（转运使）任上，同样积极履行监察、建言职能。如前文"制度篇"所述，宋代路级监司本身就有监察和建言的职责，转运使除了负责管理区域内租税、军储及物资经费调配的行政工作，还承担区域内的仓储检查、账册审核、官员监察、举荐贤能、兴利除害事务，其监察、建言性质的职能本属应有之义。比如包拯在任河北都转运使时，曾就"冗兵""冗费"的现状提出整改意见。

此外，包拯在中央财政部门，同样以其熟稔精干的素养和兴利除弊的立场，揭发陈州（今河南周口）官吏巧立名目、翻云覆雨的盘剥手段（"陈州折变"），要求予以革职——在民间，这件事演化成包公"陈州放粮"的故事，其实包拯没有"放粮"，而是以减免赋税、制止盘剥的方式对陈州百姓予以救助。

就外貌论，脸黑似炭、不讲情面的形象，更符合百姓对"公正之神"的想象，事实上也的确如此，包拯通常不苟言笑，以至于开封有"包公笑比黄河清"的说法——包拯露出笑容的可能基本上与黄河变清的可能等同。但这只是包拯最广为流传的一面，司马光的《涑水记闻》记录了包拯从善如流的随和形象：

拯为长吏，僚佐有所关白，喜面折辱人，然其所
言若中于理，亦幡然从之。刚而不愎，亦人所难也。

包拯做地方长官时，下属若有所陈述、禀告，通常都会被
包拯质问得下不了台。但如果下属所说的话在理，包拯又会立
刻改正，予以接受。司马光感慨，在正直刚强的同时不自以为
是（"刚而不愎"），这是一般人很难达到的境界，但包拯做
到了。

如前文"制度篇"概述，在中国历史上，赵宋一朝（尤其
是北宋早期）政治相对清明，司法相对公正，社会相对稳定。
包拯之所以具备被神化为包公的史实依据，除了他自身具有的
果决刚正品格，同样离不开北宋早期群贤合力、皇帝宽厚的政
治局面。后世，随着社会矛盾的积累和政治局面的恶化，"青天"
不常有而贪官酷吏常有，"青天窗外无青天""酷吏传外有酷吏"
的景象不免成为常态，世人因此如大旱之望云霓，渴求出现一
个能够斩除所有不公、澄清一切黑暗的神人。包拯适逢其会，
构成了这具"偶像"的坯体骨架，并随时势的流转而不断被历
代百姓、文人加工填补，成就了"公正之神"的不坏金身，承
载着中华传统文化中的公平正义理想——这就可以解释，为何
元代《窦娥冤》的作者关汉卿，同时又是包公传说的重要缔造者。
这一从包拯到包公的神化过程，值得深思。

2. 赵抃

赵抃（1008—1084），字阅道，自号知非子，谥清献，衢州西安（今浙江省衢州市柯城区）人，北宋名臣、词人，因其正直敢言、为官清廉的品质而广受尊崇，世称"赵清献公"。

赵抃在两宋和包拯齐名（《宋史》即将两人合为一传），而且同样有一个令人望而生畏的外号——"铁面御史"，似乎其人和包拯一样不苟言笑。事实恰恰相反，他以平易近人、温厚和善的性格著称，以至于和别人说话时都十分注意语气分寸，生怕伤到别人。只有在一种情况下，赵抃才会展露出他难以相处的一面，那就是在履行台谏职责、分辨是非曲直时。这时的赵抃慷慨激昂且毫不退让。赵抃实现了"横眉冷对千夫指"与"俯首甘为孺子牛"的圆融统一，因而北宋名相韩琦赞叹赵抃是"世人标表"，认为常人难以企及。

赵抃果决敢为、清正廉洁且得享高寿（七十七岁逝世，身历仁宗、英宗、神宗三朝），一生立下不少功绩，加之一代文宗苏轼终身拜服赵抃，将这些事迹都记录在他为赵抃所作的《赵清献公神道碑》中，更是向后人描述了一个形象丰满的"赵清献公"。后文将选取典型事例，简笔勾勒作为司法者赵抃和作为监察者赵抃的形象。

第一，作为司法者，赵抃审判立场之公正、法律素养之精深、司法理念之高超，为当世所公认，成为两宋士大夫司法官员的偶像。

赵抃于仁宗景祐元年（1034）中进士，其第一个职位即为

拤啓伏承

得請名藩

治裝上道猥煩

寵翰益認

勌誠感

戀佇深不任早素謹奉手啓陳

謝不宣

知府舍人閣下

拤
頓首

三日

《致知府舍人尺牘》　〔宋〕赵抃　（台北"故宫博物院"藏）

掌管刑狱诉讼的武安军（今湖南长沙）节度推官。初入仕途，他就先声夺人地解决了一个疑难案件，令全府官民拜服，为当时和后世所称道。

赵抃任职当地有人伪造官印（按照当时法律规定，伪造官印罪应当处以死刑），恰逢仁宗大赦，刑罚可以得到减轻处置，这人本该就此收手。然而，可能是因为没有达到预期的谋利目的，这人不甘心"半途而废"，于是铤而走险，偷偷使用了这枚伪造官印，最终被官府发现。当地官员认为，这一行为过于猖狂，应当按法律原本的规定将罪犯处死。赵抃则以大赦为依据，对这一审理意见予以否定，主张免除死刑。

在宋代，大赦有极高的法律效力（其适用的范围是已犯之罪，旨在通过减轻刑罚的方式，以彰显皇帝宽厚爱民的仁政），其落实当然需要得到保证。为了维护大赦的法律效力，同时也因为当时士大夫普遍认为伪造官印的刑罚过于严苛，赵抃坚持以大赦为情由，减轻本案处置，将死刑改为流刑（流放）。依法断案、维护法律权威的理念，在当时的司法活动中正逐渐成为共识，秉公守法的赵抃并没有简单、草率地否定法律中不合理的规定，而是以严格区分犯罪情节的方法，将当事人的"造印"和"用印"行为进行区分，进而厘定其对应刑罚。他指出：法律中应当处以死刑的对应犯罪情节是"造印"，而造印罪行发生在大赦之前，其刑罚理应减轻，不再适用死刑；而且，法律规定多次"用印"（即"累犯"）应当处以死刑，那么即使不在大赦范围内，当事人仅"用印"一次的行为也不应当被处以死刑（"赦前不用，赦后不造，不当死"）。

　　赵抃对伪印案的处置，不仅反映其自身精深的法律素养和严密的逻辑思维，其实还反映了北宋前中期士大夫司法官员普遍操持的慎刑恤杀理念。大约四十年后，在朝廷进行大规模法律修订行动时，文彦博（1006—1097）旧事重提，专门论述了伪造官印的定罪量刑，间接揭示了赵抃在伪印案中秉持的司法理念。概言之，宋代法律中伪造官印的罪名及其情节认定，并非首创，而是沿袭于唐律，但在唐律中，本罪只需处以两千里流刑，不至于判处死刑。宋代此罪刑罚之所以重于唐律，是因为历经五代乱世，宋初统治者对官府运作秩序十分敏感，特意秉持"乱世用重典"的立场，对"伪造官印"这一可能危害政权安全的隐患予以加重处理。在文彦博看来：经过宋初几代人的努力，国家业已回归正轨，法律也应当恢复正常；在承平年代，法律不应过度严苛，应该罪刑相当，回归到"平世用中典"的法治轨道上。赵抃本人虽然没有直接参与这场讨论，也没有直接就这一问题进行论述，但从他一生在司法活动中所呈现的宽猛相济风格来看，其实与之毫无二致。可以说，在约四十年前，赵抃早已从伪印案入手，对宋初"乱世用重典"的时代惯性进行了遏制，激起了同时代士大夫司法官员们的强烈回响，以至于响彻两宋。正是基于这一认识，苏轼在记述赵抃生平时，选择以伪印案打头，塑造赵抃先声夺人的专业司法官形象。

　　无独有偶，神宗熙宁五年（1072），赵抃六十五岁，第二次任成都知府时，再一次碰到与当年伪造官印相类似的案件。只不过，此案情形更为复杂，而且牵涉政治问题：剑州（今四川剑阁）人李孝忠（生卒年不详）纠集了两百余人，伪造符牒，在没有官府许可的情况下私自给人剃度为僧。由于声势浩大，涉及面广，因而有人认为涉案人员可能有谋反意图，遂将其告发。当地官员普遍认为本案应当按照谋反处理，将涉案人员全部处死，而赵抃则坚持查明案情，确定本案并不涉及谋反，于是仅依照法律将首犯处死，其余从犯则按相应情节处以死刑以下的刑罚。

在唐宋，因为涉及税收、人口管理，出家为僧、道需要官府认可，认可其身份的官方文书即称"符牒"，在法律上，"符牒"即为官方文书。伪造符牒在法典中与伪造官印属于同类罪名，在有组织犯罪的情形下，首犯处以死刑，从犯处以低于死刑的刑罚。赵抃对本案的处断，原本无可指摘。

问题在于，本案发生在成都，而成都素有"天下未乱蜀先乱，天下已治蜀未治"之称。与外界高度隔绝的地理条件，物产丰富、足以自给自足的经济条件，使得四川盆地成为当时天然的割据温床。成都为川峡之冠，人力、物力在四川占有绝对优势，掌控成都基本意味着掌控四川——宋仁宗时，即有士人作诗"把断剑门烧栈阁，成都别是一乾坤"，鼓动知府造反。加之本案主犯为剑州人，此地为四川门户，是当时与外界往来最关键的通道之一，在此聚众作案，难免令人有所联想。在这一敏感背景下，赵抃处理这起有谋反嫌疑的重大案件，为嫌疑人开脱，可想而知要冒怎样的政治风险。

果然，赵抃的处理引起朝廷议论，甚至有些人认为赵抃心存异志，有意为逆党开脱。于是朝廷展开调查，在严格审定整个司法过程和相关证据后，最终认定赵抃的审理毫无瑕疵。

　　宽仁的确是赵抃司法风格中最为显著的一点，但不是全部，在面对确实恶劣的犯罪时，他不会滥施仁慈。赵抃担任杭州知州时，宽仁的名声已经传开，杭州的一群无赖以为可以乘机逃脱法网，于是愈加猖狂地拉帮结伙、招摇过市。对于这种主观恶性大、有组织的犯罪行为，赵抃毫不手软，对其中罪行最恶劣的几人处以流放之刑，震慑并瓦解了这股黑恶势力。

　　简而言之，赵抃凭其精深的法律素养、公正的司法理念，甘冒政治风险、不计仕宦得失的正直品格，形成了宽严相济的司法风格，成为两宋士大夫司法官员效仿的楷模。

　　第二，作为监察者，赵抃以其刚正不阿的品质和明察秋毫的干才，赢得了"铁面御史"的美名，成为两宋皇帝和士大夫心目中象征着专业、公正的台谏标杆。

　　宋神宗（1046—1085）刚即位时，赵抃第一次成都知府任满，回到朝廷中枢，被委任为谏官（"知谏院"）。按照惯例，从成都知府任上归来的高官，通常都会很快调任中书省、枢密院，高升为执政（执政即副宰相级别的高官），换言之，能够立下政绩且安然从成都知府任上归来者，便意味着通过了高难度的忠诚度测验，是可以信赖的重臣。张方平（1007—1091）、宋祁（998—1061）等仁宗朝名臣就是从成都履职归来后高升执政的。此时的赵抃，已经六十多岁，资历深厚且政绩显著，本应毫无阻滞地高升执政，宋神宗却委任以谏官职务，引发了朝中众臣的揣测，甚至有人认为宋神宗猜忌赵抃，当面向皇帝提出疑问。面对质疑，神宗备感委屈，他说：

用赵某为谏官，赖其言耳。苟欲用之，何伤！

宋神宗认为，赵抃堪称台谏典范，其建言具有无与伦比的公信力，让他在谏官职务上发声，能够最有效地改进局面。宋神宗的真实用意是希望赵抃在监察职位上提出其他人不敢提出的意见，赵抃也确实没有辜负期望，随即要求提拔一批正直但受到压制的官员，如吕海（1014—1071）、吕大防（1027—1097）、范纯仁（1027—1101）等人。在赵抃的建言下，这些人相继回朝，日后大多成为名臣。由此可见，赵抃明察秋毫而识人于微末，力排众议而任人唯贤，无愧其"台谏标杆"的称号。

三个月后，赵抃果然升任谏议大夫、参知政事，这一结果打消了群臣的疑虑，证实了宋神宗的任命确实是出于对赵抃专业素养的肯定。

赵抃之所以能有如此威望，以至于在朝野成为台谏的象征，源于他初任御史时即已展现的不畏权贵、秉公直言的精神。

仁宗至和元年（1054）年底，宰相陈执中（990—1059）纵容嬖妾张氏虐待家中婢女迎儿致死（相继又有两婢女被虐杀），开封府为迎合宋仁宗对陈执中的庇护意图，打算不了了之。须知，陈执中并不是一般的宰相，而是对宋仁宗有拥立之功的恩人。朝廷上下虽然颇有议论，但慑于特殊形势，皆敢怒而不敢言。

当时的赵抃，仅仅是刚从地方官升任殿中侍御史的谏官，资历、名望远逊于他人，但他不畏权贵，敢于打破沉寂，连同其他台谏官员，率先发难，掀起对陈执中的问责风潮。在等级森严的封建社会，为了区区三名婢女的"蝼蚁性命"，不顾宰相、皇帝的颜面，这需要怎样的正气与果决？当然，北宋前期政治清明，皇帝宽仁自制，能够在客观上保证赵抃在面临未卜结局时不至于有性命之忧，但从个人仕途荣辱、权力关系网络的角度看，赵抃铁面无私的弹劾仍然是危险之举。

据苏轼统计，在事态持续发酵的六个月间，为了弹劾陈执中，赵抃接连上了十二道奏章。尤其是在《乞罢免陈执中疏》中，赵抃总结了陈执中"不学亡术、措置颠倒、引用邪佞、招延卜祝、私仇嫌隙、排斥良善、狠愎任情、家声狼籍"八大罪状，强烈要求罢免其相位。在之后的《再乞罢免陈执中相位札子》中，赵抃更是与陈执中势不两立，他质问宋仁宗，要求宋仁宗给出明确说法：

> 臣虽至愚，不能无惑，臣固不知陛下以臣向来之言为是耶，为非耶？复不知陛下以执中之罪为有耶，为无耶？陛下若以臣言为是，而以执中为有罪，即乞陛下早正朝廷之法，而罢免相位，以从天下之公议。今陛下若以臣言为非，而以执中为无罪，亦乞陛下正朝廷之法，而窜臣远方，宣布中外，以诫后来。

从赵抃正气凛然、慷慨激昂的质问中，我们可以看到这位"铁面御史"的真情实意。他不可能不知道自己弹劾陈执中其实就等同于问责皇帝，但他不达目的，誓不罢休，在宋仁宗面前步步紧逼，执拗地呼唤公义，要求宋仁宗无论如何都必须正视民意，给出确切的态度。从这封奏札中，我们可以看出，赵抃最严厉之处，甚至不在于他要求皇帝必须服从公义、罢免陈执中，而在于他逼迫皇帝承认自己处事不公。"皇帝陛下您如果坚持要庇护陈执中，那么也必须用颠倒黑白的杀鸡儆猴来宣告您的不公，罢免我这个说真话的人，而不是和稀泥。"

这段掷地有声的骨鲠之言，令人不禁掩卷长叹。赵抃能够发出这种铁面无私、"以卵击石"的"作死"言论，并且这种言论能为人传颂至今，尤其值得叹服——宋代高度政治文明所孕育的公平正义监察观、司法观，确实是中华优秀传统文化的瑰宝。因此如同包公在百姓心目中成为"公正之神"，赵抃则在士大夫心目中成为御史的标杆，寄寓着政治清明、监察得当的理想。

镜鉴篇

一、横征苛敛

宋代是中国历史上商品经济高度繁荣的一个朝代，随着近年来学术研究的深入和文化传播的发展，宋代的这一特点日渐为现代人所熟知。但不可忽视的是，贯穿两宋乃至于愈演愈烈的财政拮据及其衍生的税负沉重、民生困窘的问题，始终制约、阻碍着宋代社会经济的存续和发展，甚至成为导致宋朝灭亡的重要因素。反思两宋横征苛敛的历史教训，探究其内在原因，在当下仍然有警示意义。

1. 日益沉重的负担

宋代主税（正税）为"两税"，由唐代的两税继承、发展而来，该税法按照所有土地的数量和质量，分夏秋两季征收赋税，征收对象为拥有土地的"主户"。"主户"按各自拥有田产数量的多少分为五等，一、二、三等"主户"包括了地主阶级中的各个阶层和部分富农（常称"上户"），四、五等户为自耕农和半自耕农（常称"下户"，也称"客户"）。"客户"没有田产，通过租佃土地进行生产，约占全国总户数的三分之一。他们虽然不需要直接向官府缴纳"两税"，只需要承担数量不等的"身丁税"（人口税），但需要向地主缴纳田租，通常占到收获量的一半以上，因此，一旦地主出现收益锐减甚至难以为继的情况（这种情况常出现在国家动荡、政局剧变的时候，比如宋徽宗时期、南宋政局持续恶化时期），"客户"就需要额外承担地主转嫁的赋税负担，因此，他们天然处于生产关系最底端的弱势地位。

宋代赋税负担出现过三次剧增，人民的负担愈来愈重。

第一次剧增为宋仁宗时期（1022—1063）。后人耳熟能详的宋代弊政"三冗"（"冗官""冗兵""冗费"），就是在宋仁宗时期形成的。所谓"冗官"，宋初内外官不过三五千人，到景德年间（1004—1007）即增至一万多人，而在景德以后的四十多年里，即仁宗皇祐年间（1049—1054），官员数量激增为二万多人。几乎每隔三十年，官员数量就会翻上一番。所谓"冗兵"，最为惊人，宋太祖时（960—975），养兵二十二万，到仁宗庆历年间（1041—1048）增至一百二十五万，七八十年间几乎增加了五倍。据学界研究统计，整个北宋人口最高峰时达到一亿左右，即便按照这一数字，当时兵民比亦高于百分之一点二五。而且，以当时的生产力水平供养脱产军人，其代价远高于现代，因此宋代"冗兵"负担很重。所谓"冗费"，就是"冗官""冗兵"的结果，需要承担的事项、数量多了，支出自然也随之暴增。为了满足日益增长的财政支出，官府不遗余力地扩大敛财途径，税负当然就水涨船高。

第二次剧增为宋徽宗时期（1100—1125）。王安石变法在早期取得一定成效，但随着党争加剧和用人不当，变法性质日益发生改变。尤其是宋徽宗-蔡京集团形成后，打着"富国强兵"旗号的盘剥举措层出不穷，同时，在既有"三冗"问题没有得到解决的情况下，反而不断扩大支出、不断满足上层统治者穷奢极欲的享受，并设立诸如苏杭造作局、西城所、应奉司、御前生活所、营缮所和御前人船所等搜刮民脂民膏的机构。当时出现了不计其数的田赋增长，单单是盐税一项，在1115年、1116年两年中，即达四千万贯，平均每年二千万贯左右，几乎是宋仁宗时七百一十五万贯的三倍；茶税从宋仁宗嘉祐年间（1056—1063）的三十三万贯骤然增加为四百余万贯，增长了十余倍。为了遏制无止境的搜刮和支出增长，任职户部的官员虞策（生卒年不详）向徽宗摆出几组数据，希望有所收敛：仁宗皇祐年间（1049—1054）财政收入三千九百万贯，支出大概为其三分之一；英宗治平年间（1064—1067），财政收入四千四百万贯，支出大概为其五分之一；神宗熙宁年间（1068—1077），财政收入五千零六十万贯，已经无法满足支出了。面对这样的劝谏，徽宗无动于衷，仍旧沉醉在"丰亨豫大"（所谓"丰亨豫大"，即蔡京曲解《周易》的说法，鼓吹当前处于盛世，主张尽情畅快地进行挥霍）的虚幻盛世想象中。后世诸如《水浒传》之类的民间话本，着力刻画宋徽宗-蔡京集团的穷奢极欲、贪婪无度（其中最出名的当数花石纲、生辰纲），这些故事虽然在具体细节上可能不合史实，但是在严重程度上不算失真。宋代鲜少大规模民变，徽宗宣和二年（1120）却发生了方腊起义，声势最大时，起义军攻占了六州五十二县，在东南一带造成巨大影响，其直接原因就是当地百姓已无法承受朝廷残酷的花石纲盘剥。宋江起义则在徽宗宣和元年（1119）爆发，活动范围波及十余州，平息时间晚于方腊起义，虽然规模不像《水浒传》描述的那样声势浩大，但对宋代和后世产生的社会影响却极其深远。

第三次剧增为南宋以后。相较北宋，南宋国土面积缩减，大约为北宋时的四分之三，人口随之锐减，同时因为战乱导致田土册籍大量散失，豪门大户隐田漏税的情况愈发严重，照常理推论，其赋税总额应当有所下降。然而事实恰恰相反，财政收入不减反增。其中固然有经济发展的因素，但主要原因还是朝廷为了应对日益紧张的外部外军事压力和日益增长的"冗费"，进一步加大了搜刮力度。如前文虞策给出的统计数据，神宗熙宁年间（1068—1077），因王安石变法，朝廷获得了五千零六十万贯的财政收入；而到南宋政治相对清明的孝宗淳熙十六年（1189），财政收入达到六千五百三十万贯，已经高于神宗时期（1067—1085）；光宗绍熙元年（1190），财政收入达到六千八百万贯，不减反增，此时相比宋初太宗太平兴国四年（979）一千六百余万贯的收入，涨幅达到了百分之三百二十五。

简言之，两宋因"三冗"导致财政拮据，继而又因挥霍无度、军事压力剧增而使"三冗"现象进一步恶化，不考虑贪污腐败情况的存在，单纯是常规的国家赋税负担就已经极为沉重。在政治相对清明的北宋前中期，士大夫官员乃至皇帝本人就已经对民力负担重这一社会现象进行了连篇累牍的描述，表达了他们的担忧。宋太宗曾经感叹，"费用若此，民力久何以堪"；真宗时期的宰相王旦（957—1017）感叹，"东南民力竭矣"；

包拯说，"冗杂不减，用度不节，虽善为计者亦不能救也。方今山泽之利竭矣，征赋之入尽矣"；欧阳修说，"自汉、魏迄今，其法日增，其取益细，今取民之法尽矣"。

2. 层出不穷的盘剥手段

朱熹认为两宋层出不穷的盘剥手段"集历代之大成"，于是留下了一个著名论断：

> 古者刻剥之法，本朝皆备，所以有靖康之乱。

长期窘迫的财政状况、与日俱增的支出需求，刺激着官府开辟财源，然而在生产力不可能得到根本性革新、跨越式发展的前提下，大幅度开源往往意味着盘剥的加剧。为了追求政绩或私利，许多不法官吏创制或发展出层出不穷的盘剥手段，更严重的是，为了缓解财政压力，朝廷可能会默许，甚至主动推广这些盘剥手段。这些事例，可谓"罄竹难书"，下文仅选择几类典型的例子予以概述。

其一，折变。"折变"又称"折纳""折受""折输"，指纳税人不缴纳法定税物品种，而等价折缴官方指定的其他物品。折变的对象是法定的税物（即征税本来的内容），被称为"本色""常物"，如，宋朝北方地区夏税"本色"有三样（"三色"），即绢、小麦、杂钱，秋税"两色"即白米、杂钱；南方夏税主要为钱和丝蚕产品，秋税主要是晚稻。因为"本色"种类有限，不足以满足财政支出的多样性需求，因此，官府通常以需求为理由，在征收赋税时进行折变，以换算的方式征收其他物品。此外，也会以便利运输为理由，将"本色"进行折变。

宋代"折变"的具体方式主要可分为"以物折物""以物折钱""以钱折物""以钱折钱"和"展转折变"（重叠折变）等五种。在实际操作过程中，"以物折钱"（即"本色"为物，实际征收钱）和"展转折变"的弊端最大，极容易为不法官吏所操控，使得实际税负呈数倍乃至十余倍增长。"以物折钱"的最大弊端在于"本色"的定价完全由官府决定，不与市场价挂钩，一旦官府在折算过程中有意采取"贱买贵卖"策略，那么百姓所需缴纳的货币数量就会超过"本色"本身的价值，即实际承担高于法定的税负。而"展转折变"则是在征收过程中多次折变，反复盘剥。

前文"人物篇"在介绍包拯时，曾提到他在担任三司使时揭露"陈州折变"，这一折变事件，是宋代不法官吏以折变手段进行残酷盘剥的典型事例：在征收两税时，陈州官吏将百姓所应缴纳的小麦定价为每斗一百文，并增添二十文"脚钱"、二十文"头子仓耗钱"的附加税，即将百姓原本应当缴纳的每斗小麦，折算为一百四十文；而当时陈州小麦的市场价是每斗五十文，于是，百姓只能以五十文的价格卖掉自己手中的小麦，却要以将近三斗的量，换取一百四十文缴纳给官府，承担了将近三倍的法定税负。同时，官盐上市（宋代实行榷盐制度，通常由官府垄断对盐的销售，通过高价卖盐实现征税目的），官府将每斤盐定价为一百文，但并不直接换算为等价的货币销售，而是折变为小麦，且以每斗四十文的价格对小麦进行定价，这样就将一斤盐折算为二斗五升（二点五斗）小麦；不止如此，官府又将二斗五升小麦以每斗一百四十文的价格折算为钱。多重的"以物折钱"相叠加，原本市场价每斤三十文的盐，被折算为三百五十文钱，百姓的负担直接骤增将近十一倍。

从这一"展转折变"的过程中，我们可以体会到不法官吏"满满的恶意"。在同一交易场景中，官府对小麦的定价竟然可以随意变动，而且这些变动明显始终以"贵卖贱买"为盘剥策略。从交易角度看，不考虑原本三十文一斤的盐以极高溢价被定为一百文，单纯从一来一去的小麦交易换算，百姓首先将手中的二点五升小麦卖给官府，价格一百文，官府再将这二点五升小麦卖回给百姓，价格三百五十文——明明是同一批小麦，先强迫百姓接受小麦低于市场价的估值，再以超过市场价三倍的价格向百姓结算要价，这已经不是单纯的"不依市场定价"了，而是有意识地制造不公平交易，几乎等于明抢。

包拯担任三司使期间，除了揭露"陈州折变"，还揭露了淮南、两浙、荆湖诸路的折变。"陈州折变"的盘剥残酷程度骇人听闻，在政治相对清明的北宋前中期属于极端个案，但从包拯对各地区折变皆有所揭露的事实来看，折变盘剥在当时已经是相当普遍的风气了。这就不难理解陈州百姓为何对包拯感恩戴德，进而衍生出包公"陈州放粮"的故事了。

其二，预借。宋代所谓"预借"，即提前征税，虽然号称为"借"，但其实是有借无还的强制征税，而且时常一"借"再"借"。民国时期，地方军阀预征数十年税款的事例可谓臭名昭著。而在宋代，宋高宗时期（1127—1162）即已发明"预借"的盘剥措施。高宗绍兴二年（1132），有臣僚进言：

> 一遇军兴，事事责办。有不足者，预借来年之赋；又不足者，预借后年之赋。虽名曰和，乃强取之；虽名曰借，其实夺之。

这位大臣已经道破了"预借"的实质就是强取豪夺。

孝宗淳熙七年（1180），朱熹向孝宗上书，陈述害民弊政，要求"恤民"，同样提到了"预借"：

> 豫（预）借官物，则自一年二年以至三年四年而未止也。

朱熹这封奏疏表明，当时已经存在相当严重的预借现象。虽然群臣议论沸腾，但是预借并没有止歇。

理宗淳祐四年（1244），刘克庄担任江东提刑，巡察发现信州(今江西上饶)地界的赋税已经预借到理宗淳祐六年(1246)。到了理宗淳祐八年（1248），有些州县已经出现预借六年的情况了。

其三，巧立名目，苛捐杂税。如前文所述，宋代正税为"两税"，理应占据财政收入的主要地位。在北宋仁宗时，两税尚占百分之五十六，然而，到了南宋，在国家财政收入中，两税所占比例竟然一再跌落。根据叶适记录的数据，高宗绍兴末年

（1162）至孝宗乾道初年（1165），朝廷两税收入一千余万贯，仅占总收入的百分之二十点四，占比最高的是茶盐榷货，达二千四百万贯，占百分之四十九，而总称为"经总制钱"（"经制钱""总制钱"各自又包含数种门类）的杂税，已经达到一千五百余万贯，占总收入的百分之三十点六，是两税的一点五倍。这表明：一方面，土地兼并严重，土地集中到豪民官户手中，隐田漏税情况加剧，负担主要落到了普通农户头上；另一方面，苛捐杂税急剧增加，成为百姓的沉重负担。

具体到地方，以宁宗嘉定年间（1208—1224）台州赋税为例，赋税名目有：上供绸、绢、折绢钱、绵、折帛钱、经总制钱、上供钱、籴本钱、坊场正名钱、七分宽剩钱、坊场五分净利钱、减下人吏顾钱、官户不减半役钱、实花纱钱、降本钱、七分酒息钱、外任官供给钱、僧道免丁钱、代发平海军银子、起发转运司、起发提刑司、起发提举司、起发坑冶司、起发建宁府。上述赋税名目中，有不少是总称，再细分将会更显琐碎繁杂。而且即便如此，其中有些税名已经无法查证其实际所指了。其中上供钱和籴本钱虽属于两税，但在货币收入中占比不到百分之二十五，可见此时的苛捐杂税已经膨胀到何等程度。

二、胥吏横行

　　一般认为，在中国古代早期，"官"和"吏"没有本质的区别，从"吏"到"官"还存在相对畅通的晋升通道。自魏晋九品中正制产生以后，"官""吏"开始分化，两者产生了身份的分流。到了宋代，"官""吏"差异已经十分明显。"官"是通过科举或者恩荫途径，由中央政府任命，有品级、有俸禄、在官府中有相应决策权的士人，即通常说的"朝廷命官"；而"吏"则是通过差役、招募或承袭途径进入各级官衙，负责文书收发、签押、保管等技术性事务，行政司法执行（如征收赋税、治安、刑狱诉讼）或其他杂务，是不具有士人身份的办事人员，即通常所说的"胥吏"。

　　根据宋代法令汇编《庆元条法事类》残存的内容，胥吏大致可以划分为"公人""吏人"两类，合称"公吏"："诸称'公人'者，谓衙前，专副，库、称、掏子，杖直，狱子，兵级之类。称'吏人'者，谓职级至贴司，行案、不行案人并同。称'公吏'者，谓'公人''吏人'。"《庆元条法事类》中的"吏人"并没有详细名目，不同层级、不同地区和不同时段的"吏人"名目各不相同，较常见的有押录（即耳熟能详的"押司"）、手分、贴（帖）司，主要负责和文书相关的事务，也包括一些财税事务。"公人"在州县官衙地位低于"吏人"，通常负责在关卡津渡收税、仓库保管、钱物称量、官府专卖等事务。而手力、杂职、弓手、解子、脚力等胥吏则介于"吏人"与"公人"之间，主要负责传递文书、维持治安、追税、搬运、迎来送往等体力工作。

1. 胥吏横行现象

南宋孝宗以后，不论是义理派还是事功派，不论是朱学还是陆学，几乎所有士大夫官员学者，都不约而同地对两宋尤其是南宋胥吏横行的行政、司法环境予以鞭笞，并将之称为"公吏世界"或"公人世界"或"吏人世界"。

心学宗师陆九渊描述了胥吏奸诈贪婪、气焰嚣张，善良之人只能饮恨吞声的现象：

> （胥吏）奸猾之谋，无不得逞；贿赂所在，无不如志……良民善士，疾首蹙额，饮恨吞声而无所控诉。公人世界，其来久矣，而尤炽于今日。

浙东事功学派宗师叶適总结两宋胥吏危害，强调了胥吏在各自岗位盘根错节的势力网络与炙手可热的权势：

> 何为"吏胥之害"？从古患之，非直一日也，而今为甚者……吏人根固窟穴，权势熏炙、滥恩横赐、自占优比……故今世号为"公人世界"，又以为"官无封建而吏有封建"者，皆指实而言也。

朱学嫡传蔡杭（1193—1259）感叹胥吏在司法实践中操控

司法、把持地方，向下属发出警示：

> 今不但淹留日久，详词人所诉，全是吏人世界。

浙东朱学代表人物黄震（1213—1280）在升任江西提刑时痛陈胥吏敲骨吸髓、制造冤案的罪行：

> 人命事未能伸一人之冤，已先添数十人之冤，其弊皆因公人世界递相吞啖，节节计置，非钱不行。

当时这一批具有行政、司法实践经历的士大夫官员，以"公吏世界"概括胥吏横行现象，并不算夸张。南宋后期，淳安县士人董有真（生卒年不详）代表被残酷欺压的淳安县民向状元方逢辰（1221—1291）上书，这样记述当地胥吏横行无忌、只手遮天的场景：

> 作俑之吏方且扬扬然，以为我能为官办财赋，我能为官作威福，刻薄之政肆行，抚字之仁何在！县吏则曰："我即知县也。"府吏则曰："我即知府也。"十四乡之贵寓巨室，我能钳之而制之；十四乡之下户细民，我可生之而杀之。

胥吏因为负责官府政务的执行环节，常为官员所依赖，所以往往借此而掌握公权力，其实际掌握的职能性权力已经相当接近于现代所谓的强制执行权。在被执行者面前，县里的胥吏把自己等同于县令，州府的胥吏则称自己为知府，这其实就是公权力的宣示，虽不符合当时的法理与法意，但确实是当时法律实际运作的现实表达。因此，在缺乏足够监督、欠缺法律规制的前提下，假借官府权威的恶劣胥吏在民间几乎可以说是难以抵御的强大势力，无论是富人还是穷人，都难免沦为任人宰割的鱼肉。在南宋史料中，恶劣胥吏狐假虎威、横行地方的事例层出不穷，其程度令人发指。

南宋中后期地方官员公文、判词汇编《名公书判清明集》收录了大量理学士大夫官员惩处不法胥吏的判词，记录了不少具体数据，可以让我们直观、真切地体会当时胥吏在地方行政司法中的权势——其中最直观的当数蔡杭惩处胥吏王晋（生卒年不详）案。南宋理宗淳祐七年（1247），蔡杭担任江东提刑，决定对提刑司恶吏王晋进行严惩：

> 本司副吏王晋，以敏给济奸，以狡险济恶，贪狼如虎狼，前政提刑受其笼络，威行九州，凌犯纲常，至敢与提刑握手耳语，人皆呼为小提刑。当职曩仕本路，备稔其恶，恨不斩之。招纳贿赂，金帛充斥，公然架造层楼复屋，突兀于台沼之侧。始则恃提刑在要路，莫敢谁何，后则交结权要女婿，劫持官府，以堂堂上司，而一吏乃得以肆其奸，而莫之制，辱莫大焉。当职视事以来，节节据民词诉，且形之歌谣，谓宪台有意除奸吏，台畔奸却不除，闻之使人赧然。今据州

县所勘，王晋所招，无非卖弄死刑公事，计赃凡该
一千六百八十余贯。抄估其家，悉为寄附，然银犹且
一千二百余两，罗绮杂物，估价不下十万，而旧楮、
田宅不预焉。割九州赤子之脂膏，刳四十三县百姓之
肝脑，而以肥王晋之一身一家，亦惨矣哉！

　　江东提刑司胥吏王晋，凭借自己的伶牙俐齿（即"敏给"）
和长袖善舞的手腕，成为前任提刑官的心腹，并与权势家族建
立起关系网络，操控江南东路提刑司运作，被当地人称为"小
提刑"。江南东路囊括江宁府、信州、饶州等九个州（府、军）
级政区，下辖共计四十三个县，包含今江苏、安徽的长江以南
地区，江西的东北部地区，与两浙西路（浙西）、两浙东路（浙东）、
淮南东路并列，是南宋经济最发达、粮食产量最高、人口最稠
密的政区之一。而提刑司的一名胥吏，竟然能在这一大片区域
拥有"小提刑"的称呼，具备干预境内大小司法事务，尤其是
死刑重案的强大能力（《水浒传》中的"镇关西"与之相比，
就属于不入流的小角色了）。蔡杭就任江东提刑以前，就已经
知道王晋的名声，耳闻目睹其公然索贿枉法、横行江东的事迹，
王晋气焰嚣张至极，以至于在提刑司衙门旁，即"台沼之侧"
（提刑司又称"宪台"），高调修筑奢华高楼居住，完全把提
刑司当成了自家后院。蔡杭担任江东提刑后，决意对王晋痛加
惩处。他调查发现，王晋通过操控死刑重案的司法审理，获得
一千六百八十余贯的贿赂，然而这仅仅是九牛一毛，查抄时发现，
其家中已积累搜刮所得价值不下十万贯的财富，而且还有大量

土地田宅没有计算在内。

单论这十万贯钱财，在南宋是什么水平？当时县令月俸偏高估算不过二十余贯，以年俸二百五十贯计算，十万贯即为四百年的年俸。再以财政收入做对比，和前文讲述赋税部分所举南宋高宗绍兴末年朝廷两税收入有一千余万贯相比，已经达到了将近百分之一的比例。一个没有品级的胥吏，合法收入远远不及普通县令，却能够积累如此巨大的财富，其横行程度可想而知。

当然，这起事例可能属于较为严重的个案，但我们从中可以窥见当时骇人听闻的胥吏横行现象。

2. "吏强官弱"的局面

两宋科举制度日渐成熟，科考内容偏向经义理论，官员对实际政务的把握逐渐生疏，虽然同时有官宦子弟恩荫的做官途径（相对而言，这类官员可能具有更丰富的政务经验），但从任职层级和社会影响力来看，仍无法从根本上改变官员政务能力偏弱的大局。而且，更为关键的是，从职位设置角度来看，官员数量和对应的胥吏数量完全不在一个数量级，虽然官员在官府中享有决策权，但纷繁复杂的行政、司法工作必须依靠数量庞大的胥吏群体来执行；并且，官员赖以决策的信息也通常需要胥吏提供，在信息不对称的机制下，胥吏往往具备对决策施加实质性影响的能力。这样一种局面，可以概称为"吏强官弱"。

两宋胥吏之所以留下如此多的劣迹，以至于南宋士大夫群体愤慨声讨"公吏世界"——地方事务俨然由胥吏做主——其根源即在于此。

宋史学者廖寅曾经对官员数量与胥吏数量做过一个直观细致的统计对比：

在与百姓生活紧密联系的州、县层级，州官常规设置为知州、通判、签判（判官）、掌书记、推官、录事参军、司理参军、司法参军、司户参军，总数在十人左右；县官常规设置为知县（县令）、县丞、主簿、县尉，总数在四人左右。州官、县官不仅数量少，而且还需要遵循回避原则，一般不得在本贯或寄居地任职，同时在任期上有较高限制，绝少官员能长时间任职于一地。

相较而言，宋代州、县的公吏多来自本土，"官人者异乡之人，吏人者本乡之人"，所以有"官无封建而吏有封建"之说。不仅如此，宋代州、县公吏的数量还是官员的数十倍。神宗熙宁五年（1072），废郑州，"省州官十余员"，"州役省四百余人"，州吏是州官的四十倍。"绍兴末，州县吏额猥多"，当时"浙东七州吏额四千人"，具体为四千二百六十一人，平均每州约有州吏六百零九人。绍兴二十六年（1156），御史中丞汤鹏举（生卒年不详）、浙东路提举常平赵公称（生卒年不详）请求将州、县吏额减半。按减半原则，平均每州还有州吏三百零四人。减半之后，台州有州吏三百零三人，福州有州吏三百六十三人，与浙东七州的平均数基本吻合。未减半之前，州吏数量大约是州官的六十倍，减半之后，大约是三十倍。县吏数量相对于县官，大概也是数十倍。这些都还只是官方定额中的胥吏数量，在定额以外，尚有数量庞大的编外胥吏——换言之，州县层级参与实际政务的胥吏数量接近官员数量的百倍。

3. 胥吏横行的根源

除了"吏强官弱"反映出的力量失衡原因，胥吏横行的原因还包括深层次的制度原因、经济原因等。

其一，在经济上，胥吏合法收入不高。如前文所述，两宋一直面临巨大的财政压力，"冗兵""冗官"导致"冗费"，使得朝廷和地方不断绞尽脑汁地增加收入，本来就已左支右绌；胥吏群体规模庞大，更甚于官员数十倍甚至百倍，根本不可能为当时财政完全负担。在王安石变法以前，胥吏并无常俸，在王安石变法以后，小部分胥吏有了俸禄，但仅限于路、州以上的部分胥吏和在京仓库主管胥吏；南宋光宗以后，小部分县吏也可以获得俸禄，但对于绝大多数胥吏而言，仍几乎没有俸禄。对于有俸禄的那部分胥吏来说，微薄的俸禄也很难满足生活所需。既然没有稳定可靠的合法收入，那么通过权力寻租、权力滥用等方式获取非法收入，就成了大部分州、县胥吏的主要谋生方式。

其二，从构成来源看，豪强、不法之徒在胥吏中占据了很大比例。胥吏需由本地人担任，且对识文断字、政务运作等专业技能有相当要求，这意味着胥吏本身就有一定资源乃至一定势力。因为胥吏实质掌握着地方公权力中的执行权，牵涉可观利益的同时也牵动人心，所以强势的本地人成为胥吏，以此谋利，自然成为普遍现象。此外，在特定背景下，担任胥吏是一种惩罚措施，与后世常言的"贼配军"（如《水浒传》中的林冲、宋江）相类似，不法之徒有时也成为"配吏"。

其三，从政治身份上说，北宋早期，部分胥吏由上户承担，此后胥吏地位日益低落。"官吏分途"的趋势日益固化，胥吏上升空间被堵塞，因而在承担繁重任务并面对可观利益时，已经难以再具备"自爱"的能力了。

其四，宋代胥吏制度缺乏明确、合理的事前规范和预防机制，往往依赖事后刑事惩罚，无法起到有效的引导和制约作用。随着政务的日益繁重和社会情形的愈加复杂，官员监督已经难以覆盖全面，熟稔于程序、精通细节把控的胥吏更加不受约束，这就使得原本就难以实现的"合法行政"成为一个更遥不可及的目标。

如前文所述，其实两宋士大夫，尤其是南宋士大夫，对于胥吏问题给予了充分重视，两宋官箴书中有不少内容即与之相关。同时，在南宋士大夫的行政实践和司法实践中，他们也时常有意识地对不法胥吏进行约束，如朱熹、黄榦（1152—1221）、真德秀等人曾自发在各自职权范围内发布"约束榜"等行政司法规范性质的公告文书，又如宋慈以《洗冤集录》指导尸体检验、证据勘验流程，在一定程度上涉及了胥吏制度的规范建设。然而令人遗憾的是，因为种种原因，两宋乃至两宋以后的封建王朝，始终未能在国家法制层面真正建立起完善合理的胥吏制度，无法避免胥吏弊政对地方行政、司法、治安等方面的长期不良影响。

三、贪污受贿

在中国历史上，两宋法制较为完备。按照常理推论，堪称中国古代法制巅峰的两宋，即便不能彻底解决传统治理模式下的胥吏痼疾，也应当在官员廉政方面有极大的建树。然而，两宋仍然存在与其法制文明高度不匹配的贪腐问题。

1. 廉政的干扰因素

如前文"教育篇"所介绍，以"文臣七条""武臣七条"为代表的诫饬，体现了遵守规则、奉公修德、勤政爱民、兴利除弊的理念，是两宋的主流价值观；而"制度篇"也提到，注重监察、讲求公平的精神，贯穿于两宋的制度设计；同时，两宋士大夫以理为先、公平正义、廉洁自律的政治伦理与道德追求，也深刻塑造了时代风貌。这些要素，都是当时廉政理念与廉政实践的有力支撑。

然而，两宋毕竟有其时代局限性，其最高权力归属指向皇帝，归根到底是一家一姓之治。即便皇帝采取"与士大夫共治天下"的政治文明模式，扩大其统治基础，仍然不能避免不平等的特权统治和等级社会的伦理。换言之，在当时的政治实践与司法实践中，根植于"天下为公""仁政爱民"思想的廉政理念往往会在关键时刻让位于皇权统治逻辑，其施行会受到极大干扰而不能根本落实。这样的干扰主要体现为以下两点：

第一，两宋统治者首要关注的问题是政权归属，在维护一家一姓统治这一根本问题前，廉政成了"小节"，忠于皇帝才是"大节"。何忠礼先生认为，在两宋法律规定中，对于贪污腐败的相关惩处不可谓不严厉，但吏治情况相比此前以黑暗、混乱著称的五代乱世，并没有明显好转（只是更加隐蔽而已），其根本原因在于最高统治者始终将维护政权视为首要问题，以防止夺权、叛乱为首要任务，将目光聚焦于防范武人，而对文官贪腐纵容姑息。基于这一基本国策，统治者在惩处贪腐的执行层面往往有所松懈，而不能洞见贪腐同样是动摇根基的心腹大患。

在史书和传统史家的评论中，"赵普受贿"一事常作为君臣相知的"佳话"出现，但以今天的眼光看，身为开国宰相的赵普在收受贿赂时竟然受到开国皇帝赵匡胤的默许甚至鼓励，显然极不利于整个国家树立正确的廉政意识。而这一故事之所以被视为君臣相知的典范，正是因为赵匡胤首先考虑的并不是宰相廉洁与否，而是宰相是否可靠、是否威胁自家统治：

> 太祖时，赵韩王普为相，车驾因出，忽幸其第。时两浙王钱俶，方遣使致书及海物十瓶于韩王，置在左庑下。会车驾至，仓卒出迎，不及屏也。上顾见，问何物，韩王以实对。上曰："此海物必佳。"即命启之，皆满贮瓜子金也。韩王皇恐，顿首谢曰："臣未发书，实不知；若知之，当奏闻而却之。"上笑曰："但取之，无虑。彼谓国家事皆由汝书生耳。"因命

韩王谢而受之。韩王东京宅，皆用此金所修也。

赵匡胤出宫，随机到赵普家串门，发现有人给赵普送礼，打开礼物，发现是吴越国王钱俶以"海物"名义送的黄金。赵匡胤在世时，吴越国尚未彻底纳土归降，只是表示臣服，因而钱俶向赵普送礼，希望通过赵普来探知赵匡胤的态度并希望赵普能对自己有所庇护。赵匡胤与赵普为故交，知道赵普喜好钱财，并非不忠，因而对此事一笑而过，并鼓励赵普收下贿赂。从赵普惶恐而坦白的第一反应，以及赵匡胤对政权掌控的高度自信、对赵普忠诚度的确信来看，两人都没有将收受贿赂当作一个问题，而是聚焦于"表忠心—认可忠心"的政治表态。这一则事例深刻揭示了：在政权归属问题前，廉洁成了一个不值一提的小问题。

在宋初开国君臣心目中，与忠诚度相较，廉洁度微不足道。这表明廉洁理念未能成为最高原则，防范大权旁落始终是统治者的第一要务——这样一种惯性，渗入两宋祖宗家法，塑造着两宋政治的最深层基因。

基于信任，皇帝默许甚至鼓励了近臣的贪赃行为，表面上看似乎并无多大影响，然而正如孔子所说，"其身正，不令而行；其身不正，虽令不从"，在纵容宰相大臣贪墨的同时，希望其他官员保持廉洁，是不现实的。人心既已不服，则大臣无所顾忌，小吏亦争相效仿，廉洁遂成空话。

第二，为了稳固统治基础，优待士大夫成为两宋的政治传统，以至于在贪腐问题上，士大夫同样受到优待。两宋国策"重文轻武"，士大夫受到优待，本质上是由维护统治的祖宗家法所决定的——相比武人，士大夫对政权归属所能造成的威胁极其有限，况且治理国家需要依靠士人，对其进行笼络、优待自然成为传统。因此，事实正如包拯所说："虽有重律，仅同空文，贪猥之徒，殊无畏惮。"除了初期的个别文官，两宋几乎不存在因为贪赃问题而被处死的官员；而且，即便有官员因贪赃行为而被罢黜、受刑罚，他们在后来也往往会以各种方式受到宽待（如大赦）。承平日久，后续皇帝对廉政重要性的认识愈发淡薄，以至于宋徽宗时期，朝廷因极端腐败而遭受了灭顶之灾。南宋的宋孝宗因为出身于民间，对贪腐的危害有切身体会，曾尝试恢复对贪赃行为的重惩，大力进行整顿，一时间扭转了风气。但此后随着权相专擅、党争倾轧局面的反复出现，廉政问题在权力归属问题前重新退居其次，廉政建设也每况愈下。

2.反腐法律不能彻底落实

在法律上，宋代对于官员贪污受贿的情节认定及其刑罚有明确规定。贪污即将朝廷财物据为己有，在《宋刑统》中被归入盗罪：

> 诸监临主守自盗，及盗所监临财物者，加凡盗二等，三十四绞。

"监临主守"是指担任管理、监督职务的官员，即作为犯罪主体的官员；"所监临财物"是指官员管理职权范围内的朝廷财物，即贪污的客体。《宋刑统》继承唐律规定，将贪污罪置于盗窃性质的犯罪类别下，在相同数额的条件下，其刑罚重于普通盗窃罪两等，贪污财物价值达到三十匹（以丝绢为计量单位）即处以绞（死）刑，规定不可谓不严厉。

《宋刑统》中受贿罪分为"枉法赃""不枉法赃""受所监临赃"及"坐赃"四类情形。"枉法赃"与"不枉法赃"适用的条件是主管官员因特定具体事务而收受了下属或管辖对象的贿赂，以主管官员处理这一事务时是否枉法为标准而分为"枉法""不枉法"。其中，"枉法赃"规定收受数额达到二十匹丝绢的价值即处以绞刑（不同时期的门槛不同，北宋立国时采用的数额是二十匹）。"受所监临赃"适用的情形是主管官员日常收受贿赂。主动索贿会加重处理，而以强行手段索贿则依照"枉法赃"处理，即最高刑罚可达到死刑。"坐赃"是指非主管官员收受贿赂，用今天的话说，就是非领导职务或非职权范围内的官员收受贿赂。

可以说，在法律制度上，宋代对贪污罪、贿赂罪的规定是完备的。然而在实际执行过程中，有关规定几乎都不能落实。如前文所述，赵普收受钱俶十瓶瓜子金，数额不知道是二十匹丝绢价值的多少倍，竟然还被赵匡胤默许甚至鼓励。宋初，宋太祖、宋太宗和宋真宗因贪腐处死过个别关系疏远的官员，对于亲近大臣却一概宽厚处理，助长了两宋漠视反腐的不良风气。较为极端时，真宗大中祥符七年（1014），皇帝甚至发布诏令，只要州县官员在罪行败露前自首，就可以不受处置。对待贪腐高度容忍的态度，导致贪官污吏更加有恃无恐。范仲淹主导的庆历新政和王安石变法虽然采取了一些澄清吏治的举措，但随着变法失败，贪腐问题又卷土重来，直到徽宗以后，贪腐之风更是席卷朝野。

南宋对贪腐行为的处罚，比起北宋则更加松懈，对于本该处以死刑的贪腐官员，连刺配的惩罚都不再执行。直到孝宗时期，面对无法无天的贪腐形势，皇帝决心落实法律，然而这场整顿并未使处罚达到法律规定的幅度（死刑），贪腐的最高惩罚仍为流刑，实际量刑程度仍然低于法律规定。

值得注意的是，南宋朝廷在讨论惩处贪腐的议题时，经常出现"真决"一词。"真决"的意思就是按照法律规定如实执行，可见当时已经承认反腐法律成为具文。在相关史料中，朝廷在对本应被处死的官员的贪腐案件进行判决时，通常带有"免真决"三个字——这在今天看来颇为扎眼，足见当时廉政力度何等松懈。

四、近习宗室

"近习"是指皇帝宠信的近臣，即通常所说的佞臣、奸佞，是"奸臣"中最典型的一类；宗室即皇室宗亲，因血缘而享有特权。前者可以凭借皇帝的青睐、纵容而掌握大权，后者则天然具备超脱于普通臣民的强势地位。二者皆难为国家法律所制约。在缺乏自律且他律失效的情况下，近习宗室凌驾于法律之上，严重破坏了国家、社会的常规秩序，导致或加剧了政局腐败，甚至为国家带来了灭顶之灾。

1. 近习

就两宋乃至整个中国古代史而言，如果称南宋韩侂胄、史弥远、贾似道等权相为"近习"，或许有所争议（因为其权势来源主要基于自身强势揽权而非完全依赖皇帝宠信，而且在客观上这类人物确有各自功绩），那么称蔡京为"近习"的典型，则毫无争议。

从本质上说，蔡京是宋徽宗的弄臣。王夫之对此有深刻的剖析：

> 惟帝之待之也媟，而京、攸父子之自处也贱，故星变而一黜矣，日中有黑子而再黜矣，子用而父以病免，不得世执朝权矣。在大位者侯蒙、陈显，斥之为蟊贼，

而犹优游以去；冗散之臣如方轸，草泽之士如陈朝、陈正汇，诃之如犬豕，而犹不陷于刑。未尝有蟠固不可摇之势也。徽宗亦屡欲别用人代之矣。而赵挺之、何执中、张商英之琐琐者，又皆怀私幸进，而无能效其尺寸。是以宠日以固，位日以崇，而耆老不死，以久为贼于天下。计自其进用以迄乎南窜之日，君亦戏也，臣亦戏也。嗣之者，攸也、绦也；偕之者，王黼也、朱勔也、李邦彦也；莫非戏也。花鸟、图画、钟鼎、竹石、步虚、受箓、倡门、酒肆，固戏也；开熙河、攻交趾、延女直、灭契丹、策勋饮至、献俘肆赦，亦莫非戏也。如是而欲缓败亡之祸，庸可得乎？

王夫之指出，纵观蔡京一生，徽宗从来没有真正尊重过他（"待之也媟"，"媟"即轻慢），他自己从来也都是自轻自贱、毫无尊严的。一旦有风吹草动，徽宗的首选动作就是让蔡京出来承担责任，用今天的说法，有问题总是让蔡京"背锅"——徽宗在位时，蔡京即因天象异常连续三次遭到贬黜。

惨烈的百姓哀号和沸腾的朝野舆论无法触动宋徽宗，但异常的天象总是能给笃信方术的徽宗带来巨大压力。徽宗崇宁五年（1106）正月，发生"星变"（"彗出西方，其长竟天"），长久以来持续遭到弹劾却一直受到庇护的蔡京，此时不再受到庇护，在二月份即遭到罢黜。因为遭遇"星变"，次年改元"大观"，不料，徽宗大观元年（1107）十一月再次出现日食，大观二年（1108）六月，太阳黑子爆发，频繁的异常天象令徽宗惶恐，于是蔡京被勒令罢相致仕。徽宗大观四年（1110）五月，又一次出现彗星，摸准徽宗脾气的朝臣以此为由，弹劾蔡京，指出"上天威怒"，"推其原咎，实在于京"，徽宗顺水推舟，再次将责任完全甩给蔡京，贬蔡京出居杭州。

　　和历史上的其他权相奸臣相比，蔡京对朝廷的掌控并不稳固，其权力大小完全取决于宋徽宗的宠信程度。他和儿子蔡攸（1077—1126）虽然能够同朝为官，然而与后世的严嵩（1480—1567）、严世藩（生卒年不详）父子相比，不可同日而语；尤其是蔡攸为了保持自己的权势，必须逼迫自己的父亲，让其称病致仕，为自己让位，可见他们从未奢望过父子同时执政。而且，虽然蔡京与童贯（1054—1126）、王黼（1079—1126）、梁师成（？—1126）、朱勔（1075—1126）、李彦（？—1126）等并称"六贼"，本为休戚相关的利益集团，但从政和年间（1111—1118）起，他们就已经因为利益分配问题而发生激烈内斗，在朝廷相互攻讦；并且，在持续的毫无底线的内斗中，儿子蔡攸为了建立超越父亲的"功业"，站到了童贯一方，与蔡京针锋相对。至于蔡京的亲弟弟蔡卞（1058—1117，王安石的女婿），同样因为权位冲突而与蔡京闹翻，两人的龃龉不和成为时人共知的公开矛盾。

　　在皇权社会，大权尚未旁落之时，国家兴衰的最大责任确实在于皇帝本人，不能完全推脱给某个奸臣。然而，王夫之用一个"戏"字，揭示了宋徽宗、蔡京这一对君臣骄奢淫逸、好大喜功的本质，道破他们对于北宋亡国同样负有不可推脱的罪责。

　　蔡京之所以得到宋徽宗的宠信，是因为他能够迎合宋徽宗，竭力搜刮民财以迎合徽宗穷奢极欲的享乐行为，并且他能替宋徽宗承担罪责；不仅如此，蔡京还能够进一步怂恿和助长宋徽宗的任性，以"丰亨豫大"之说营造虚假繁荣的景象，为宋徽宗的挥霍浪费提供依据。

实际上，蔡京并非没有真才实干，连弹劾过他的侯蒙（1054—1121）都承认：

> 使京能正其心术，虽古贤相何以加？

身为奸佞，蔡京能够被宋徽宗屡弃屡用，或许正是因为他具备其他普通奸佞所不具备的才干，不能为其他近臣所替代。

今天，从艺术角度看，宋徽宗和蔡京所能达到的造诣确非常人所能及，但对于国家百姓而言，他们未能尽到自己所应当尽的责任，何以如此，值得细细探究。

2. 权相

从权力的最初获得途径来看，南宋权相韩侂胄、史弥远、贾似道可以被视为"近习"。如韩侂胄通过拥立宋宁宗即位而获得宁宗信任，史弥远通过勾结杨皇后、诛杀韩侂胄、签订嘉定和议而获得宋宁宗信任，贾似道以宋理宗宠妃之弟的身份获得理宗信任。但与蔡京这类弄臣不同的是，在获得初步的拔擢后，韩侂胄、史弥远、贾似道等人继续通过各种手段扩张权力，以至于到了皇帝必须倚重的程度，他们在某种意义上成为皇权的代理人，得以专擅朝廷大权——从这一点上看，"近习"只是他们通往最高权力的起点，"权相"才是终点。

韩侂胄、史弥远、贾似道等人功过是非各异，难以一言定论，但以廉洁文化、廉政建设为切入点，以下两方面当无疑义。

第一，因一家独大而缺乏权力监督，权相本人及其党羽往往成为朝廷中最腐败的群体，进而败坏整个官场风气。

如前文所述，南宋孝宗时期经过一番整顿，政治较为清明，朝中官员普遍以贪污贿赂为耻，而韩侂胄把持朝政的十四年，则是南宋历史上官场风气由较好到极坏的转折时期，史称"馈赂公行，薰染成风，恬不知怪"。韩侂胄本人任人唯亲、任人唯财，以好色著称，对阿谀奉承十分受用，纵容党羽大肆收受贿赂，事例不胜枚举。

史弥远主政时期，单就其被时人称作"四木三凶"的主要党羽而言，腐败程度也已骇人听闻。梁成大（生卒年不详）为"三凶"之一，被时人称为"梁成犬"，《宋史》记载，其"四方赂遗，列置堂庑，宾至则导之使观，欲其效尤也"，即广收贿赂，并将之陈列在大堂、走廊，有访客到，就派仆人带其参观，以此方式公开索贿。又如，皇帝赐予宇文氏的宅第，梁成大竟然敢于强取豪夺。党羽已然如此，可见当时腐败程度。

贾似道是著名的"蟋蟀宰相"，在国势危难之际写就世界上第一部研究蟋蟀的专著《促织经》，细致论述挑选蟋蟀、饲养蟋蟀、斗蟋蟀的各种心得体会。如果是普通人，这或许可以成为一段佳话，但作为权倾朝野、担负军国大事的宰相，却执着享乐于此，足见其腐败程度。襄阳陷落前夕，他仍在声色犬马、歌舞升平的氛围中斗蟋蟀。

第二，为了铲除异己并巩固权势，权相控制台谏，垄断用人，极大败坏了政治生态。

韩侂胄发动"庆元党禁"，将当时朝野各派有名望的学者、士大夫官员一网打尽，一概将之斥为"伪学"，归入党籍，予以政治迫害。控制台谏官员，以污名化手段对朱熹等人进行颠倒黑白的攻击和诋毁。最终导致当时学派林立、诸家争鸣的文化繁荣局面戛然而止，并且极大地扭曲了当时的价值观。

史弥远牢牢掌控台谏，不仅使得真德秀、魏了翁等敢于发声的官员完全无法立足于朝廷，更使监察权成为相权的附庸，完全打破了相互制约的既有制度设计。史弥远操控舆论，台谏官员大多成为他排除异己的鹰犬，台谏制度基本失灵。

《宋史·贾似道传》记载："似道虽深居，凡台谏弹劾、诸司荐辟及京尹、畿漕一切事，不关白不敢行。……一时正人端士，为似道破坏殆尽。"贾似道对朝廷的掌控已经完全达到了"政归一人"的程度，台谏弹劾、官员任免诸事在其干涉下无法正常施行，对社会危害极大。

3. 宗室

在法律意义上，宋代宗室范围大于唐代，凡是太祖赵匡胤、太宗赵光义、魏王赵廷美的后代，都具备宗室身份，而不仅限于唐代"五服"亲等（在唐代，法律上具备宗室身份的亲属必须处于现任皇帝四世亲范围内）。这就意味着，随着国祚的延续，赵宋宗室人口将会以巨大的规模膨胀，特权阶层又会以巨大的幅度扩大。

总体而言，在朝廷大局上，赵宋宗室几乎从来没有对皇权产生威胁，对国家大政也没有造成明显不良影响——而且，南宋孝宗、光宗时期的宗室赵汝愚（1140—1196）通常被认为是贤相——并且，相比以往汉晋的七国之乱、八王之乱，唐代的玄武门之变，以及后来明朝的靖难之役、清代的九子夺嫡，赵宋宗室可谓安分守己。

虽然在政治中心层面并没有明显劣迹，但是随着人口膨胀以及政局变动，宋代宗室尤其是南宋宗室的活动领域不再局限于宫廷和王府，而是日益紧密地贴近社会，成为社会有机体的组成部分，在地方上催生出一系列新的问题。这些新问题，还不仅限于宗室寄生食利与加重社会经济负担等方面，更严重的是，不少宗室子弟凭借法律所赋予的特权，横行地方，霸占士庶产业、干预官府事务，严重干扰了地方的生活生产秩序。

在司法领域，赵宋宗室的特权主要体现于两方面。其一，就司法管辖权论，宗室人员通常由宗司机构（大宗正司、外宗司）管辖（重案最终由皇帝处断），而处于事发地的州、县官府，并无直接管辖权；至于相对轻微的案件，随着宗室散居各地局面的形成，各州宗室尊长逐渐担负起一部分管辖权。其二，就量刑论，除了被认定为谋反大逆这种直接危害皇权的极端案例，宗室子弟通常都可以通过罚金、贬职、庭训、锁闭等折抵方式减轻或免除刑罚，而且在诸如杖刑等相对轻微的刑罚执行过程中，也会受到优待。

　　凭借法律特权，地方上的宗室人员违法作恶的代价大幅降低。一旦受贫困驱使或被厚利引诱，他们更容易犯罪，并且在罪行败露后有更多机会逃脱法律制裁。在南宋，这一现象更为普遍。比如，高宗绍兴年间（1131—1162），泉州宗室官员凭借自身权势与超然地位，超出法定权限而支使上百禁军，贪墨国家榷盐收益，扰乱盐法，并且霸占海商船只。苦主四处申诉而不得其门，地方官员慑于宗室特权而无人敢于受理，官司一拖再拖。直到三年后，范如圭（1102—1160）担任泉州知州，决意接手此案，然而宗室人员随即利用朝廷关系和各方势力，罢免了范如圭。

　　不仅宗室人员可以凭借特权违法犯罪，就连他们的仆从也可横行无忌。宋理宗时期，浙西荣王府十二名仆从明火执仗，实施团伙抢劫，按照法律应当被处死。时任浙西提刑胡颖（生卒年不详）果决敢为，依法处死了这股黑恶分子。这导致荣王赵与芮（1207—1287）向宋理宗诉苦，宋理宗于是责问胡颖，并给胡颖贴上"嗜杀"的标签。胡颖不为所动，针锋相对地否定了"嗜杀"的责问："臣不敢屈太祖之法以负陛下，非嗜杀也。"宋理宗最终无言以对。实际上，胡颖之所以能够摆脱宗室施压、皇帝责问的困境，根本原因在于他背景过硬，是朝廷不得不倚重的重臣。赵范（1183—1240）、赵葵（1186—1266）兄弟长期负责国防，为理宗朝实力派重将，胡颖是赵葵的外甥，同时也是赵葵军事集团的重要成员。换言之，想在宗室犯罪的情况下讨得公道、实现正义，竟然只能寄希望于"以权势击败权势"，对比胡颖与范如圭的不同遭遇，不禁令人唏嘘。

在日常的民事领域，尤其是田宅、产业问题上，宗室人员更是可以凭借自身的法律特权，采取非法甚至犯罪手段进行强取豪夺。在这一情形下，许多官宦家族都深受其害，更何况普通百姓。发生在黄榦身上的田宅墓地纠纷即为典型事例。

黄榦，字直卿，号勉斋，他是朱熹最重要的弟子，同时也是朱熹女婿，其父黄瑀（1106—1168）曾任知州、提刑，本人也担任过知府。早年，黄榦的一位表姑（即黄瑀的表妹）嫁给一名叫赵公珩（生卒年不详）的宗室子弟，因为没有房产，请求黄氏一族予以救济。黄瑀于是将自家的一家书院停办，好心借给赵公珩居住。不料有借无还，赵公珩不仅将此处宅院据为己有，而且将相邻的黄氏田宅全部霸占，甚至侵占到黄氏祖坟周边。虽然福州宗司机构判令赵公珩归还霸占宅院，但是赵公珩则以各种理由拖延不还，宗司官员对此则予以包庇。此事一拖二十余年，黄榦多方求助不果，判决成一纸空文。不仅如此，赵公珩一家变本加厉，不仅殴打前去理论的黄氏族人，甚至还在黄氏祖坟抛弃秽物、砍伐墓林、移走石条、铲挖坟土。依照唐宋法律，这类行为足以构成犯罪，然而在田宅产权归属这一民事问题都得不到解决的情况下，追问侵害墓地的刑责就更不可能了。黄氏一族作为官宦世家，在面对宗室成员的无理欺压时尚且彷徨无助，普通百姓面临这一情况时的绝望则可想而知了。

南宋灭亡过程中，泉州蒲寿庚（1205—1290）集团叛宋降元，屠杀当地赵宋宗室三千余人（一说数万人）。之所以发生如此惨剧，一方面当然是因为宗室身份高度敏感，在动荡时局首当其冲，另一方面，或许也是因为其中掺杂着地方官民与宗室子弟的长久积怨。

参考文献

［1］脱脱，等.宋史[M].北京：中华书局，1985.

［2］黎靖德.朱子语类[M].王星贤，点校.北京：中华书局，1986.

［3］幔亭曾孙.名公书判清明集[M].中国社会科学院历史研究所宋辽金元史研究室，点校.北京：中华书局，1987.

［4］王夫之.宋论[M].舒士彦，点校.北京：中华书局，1998.

［5］张邦炜.宋代政治文化史论[M].北京：人民出版社，2005.

［6］曾枣庄，刘琳.全宋文[M].上海：上海辞书出版社，2006.

［7］邓广铭.宋史十讲[M].北京：中华书局，2008.

［8］漆侠.宋代经济史[M].北京：中华书局，2009.

［9］王瑞来.天地间气：范仲淹研究[M].太原：山西教育出版社，2015.

［10］何兆泉.两宋宗室研究：以制度考察为中心[M].上海：上海古籍出版社，2016.

［11］虞云国.南宋行暮：宋光宗宋宁宗时代[M].上海：上海人民出版社，2018.

［12］陈景良.跬步探微：中国法史考论[M].北京：法律出版社，2022.

［13］何忠礼.宋代的封建统治与赃吏[J].浙江大学学报（社会科学版），1993（1）：106-113.

［14］廖寅.宋代的公吏与"公吏世界"新论［J］.史学月刊，2021（12）：21-32.

图书在版编目（CIP）数据

宋廉流韵 / 王天一，王宇著 . -- 杭州：浙江工商
大学出版社，2024.7. --（宋韵文化丛书 / 胡坚主编）.
ISBN 978-7-5178-6067-9

Ⅰ . K827=44

中国国家版本馆 CIP 数据核字第 2024BF4720 号

宋廉流韵
SONG LIAN LIU YUN

王天一　王　宇　著

出 品 人	郑英龙
策划编辑	沈　娴
责任编辑	孟令远　程辛蕊
责任校对	李远东
封面设计	观止堂_未氓
责任印制	包建辉
出版发行	浙江工商大学出版社

（杭州市教工路 198 号　邮政编码 310012）

（E-mail：zjgsupress@163.com）

（网址：http://www.zjgsupress.com）

电话：0571-88904980，88831806（传真）

排　　版	浙江大千时代文化传媒有限公司
印　　刷	浙江海虹彩色印务有限公司
开　　本	880 mm × 1230 mm　1/32
印　　张	5.875
字　　数	126千
版 印 次	2024年7月第1版　2024年7月第1次印刷
书　　号	ISBN 978-7-5178-6067-9
定　　价	78.00元